Gotthold Willenberg

Historische Untersuchung über den Conjunctiv Praesentis der ersten schwachen Konjugation im Französischen

Gotthold Willenberg

Historische Untersuchung über den Conjunctiv Praesentis der ersten schwachen Konjugation im Französischen

ISBN/EAN: 9783337320195

Hergestellt in Europa, USA, Kanada, Australien, Japan

Cover: Foto ©Thomas Meinert / pixelio.de

Weitere Bücher finden Sie auf **www.hansebooks.com**

HISTORISCHE UNTERSUCHUNG

ÜBER DEN

CONJUNCTIV PRAESENTIS DER ERSTEN SCHWACHEN CONJUGATION IM FRANZÖSISCHEN.

INAUGURAL-DISSERTATION

ZUR

ERLANGUNG DER PHILOSOPHISCHEN DOCTORWÜRDE

AN DER

UNIVERSITÄT GÖTTINGEN

VON

GOTTHOLD WILLENBERG

AUS SCHLESIEN.

(SEPARAT-ABDRUCK AUS DEN ROMANISCHEN STUDIEN
HERAUSGEGEBEN VON EDUARD BOEHMER.)

STRASSBURG

KARL J. TRÜBNER.

1878.

Inhaltsverzeichniss.

Anomale Verba.

Historische Untersuchung über den Conjunctiv Praesentis der ersten schwachen Conjugation im Französischen.

Von **Gotthold Willenberg.**

Die Gestaltung des Conjunctiv Praesentis der ersten schwachen Conjugation im Französischen, vorzugsweise in seiner älteren Periode, ist bis jetzt noch nirgends zum Gegenstande einer besonderen Untersuchung gemacht worden. Eine solche musste um so wünschenswerther erscheinen, als man in Bezug auf den in Rede stehenden Punct der französischen Formenlehre in Grammatiken und Fachschriften den verschiedensten, oft geradezu sich widersprechenden Ansichten begegnet.

Diese Frage wenigstens annähernd zu lösen, habe ich nun in folgender Abhandlung versucht. Es kam vor Allem darauf an, die Gestalt der einzelnen Personen des Conj. Praes. in ihrer historischen Entwickelung zu verfolgen und, so weit thunlich, die Zeit ihres Ueberganges in spätere Formen zu bestimmen. Da nun erst in der zweiten Hälfte des 16. Jahrh. die Sprache hierin vollkommen den Standpunct des modernen Französisch erreicht, so ist die Untersuchung fast durchgängig bis zu diesem Zeitpunkt geführt worden.

In dem folgenden Verzeichnisse der untersuchten Werke ist zugleich angegeben, ob ich nach Versen (V.), oder nach Paragraphen (§), oder nach Bänden (B.), Seiten (S.), Zeilen (Z.) citire.

A. Aml. (V.) — Amis et Amiles und Jourdain de Blaivies; ed. C. Hofmann. Erlangen 1852.
Die Hschr. gehört wohl der ersten Hälfte des 13. Jahrh. an (Einl. IX).

A. Amr. (V.) — L'Art d'Amors und Li Remedes d'Amors. Zwei altfrz. Lehrgedichte von Jacques d'Amiens; ed. G. Körting. Leipzig 1868.
Anfang des 13. Jahrh. (Einl. XXVI).

Adam — s. Th. frc.

Alisc. (V.) — Aliscans, chansons de geste; ed. Guessard et Montaiglon. Paris 1870. (Les anciens poètes de la France Bd. X).
Nach 1185 (Préf. LXXIX).

Ant. (B. S.) — La chanson d'Antioche, p. p. P. Paris. 2 Bde. Paris 1848.
Zweite Hälfte des 12. Jahrh. (Introd. XLIX).

Bod. — s. Th. frc.

Brand. (V.) — Brandans Seefahrt; ed. Suchier. (Boehmer's Romanische Studien I 553 ff.).
Verfasst 1121 (p. 553).[1]

Ch. Lyon (V.) — Li Romans dou Chevalier au Lyon von Crestien von Troies; ed. Holland. Hannover 1862.
Zwischen 1168 u. 1191. (Crestien von Troies. Eine literaturgeschichtliche Untersuchung von Holland. Tübingen 1854 p. 253.)

Chron. (V.) — Chronique des ducs de Normandie par Benoit; ed. Fr. Michel. 3 Bde. Paris 1836, 38, 44.
Nach 1175 (Joly, Roman de Troie I 26). — Bis V. 2164 unterscheide ich die Verse des ersten und zweiten Buches durch I und II.

Cleom. (V.) — Li Roumans de Cléomadès par Adenès li Rois; ed. van Hasselt. Bruxelles 1865/66. 2. Bde.
Letzte Jahre des 13. Jahrh. (Einl. VIII. XVII. XIX.)

Cl. Mar. (B. S.) — Oeuvres complètes de Clément Marot; ed. P. Jannet. Paris 1865. Bd. I—IV.

C. Ps. — Le livre des Psaumes, ancienne trad. franç. publiée pour la première fois d'après les mscr. de Cambridge et de Paris par Fr. Michel. Paris 1876 (Coll. des docum. inédits).
Die Hschr. muss zwischen 1130 und 1174 geschrieben, die Uebersetzung selbst dürfte also im Anfang des 12. Jahrh. angefertigt sein (cf. O. Ps.). — Der eigentliche Psalter ist nach Psalm und Vers citirt. Die ihm folgenden Abschnitte bezeichne ich wie beim Oxf. Ps. (s. dort) mit griechischen Buchstaben und beigefügter Verszahl; hier kommen nur in Betracht: δ = Cant. Moysi (Exod. XV — p. 267—69) — ε = Cant. Abbacuc (p. 270—72) — ζ = Cant. Moysi (Deuter. XXXII — p. 272—78) — η = Ymnus trium puerorum (p. 279—81).

Cump. (V.) — Li Cumpoz Philipe de Thaün; ed. Ed. Mall. Strassburg 1873.
Zwischen 1100 und 1120 (p. 24).

Erec (V.) — Des Chrestien von Troyes Erec und Enide; ed. J. Bekker. (Haupt's Zeitschrift für deutsches Alterthum. X 373 ff.)
Zweite Hälfte des 12. Jahrh., eins der frühsten Werke des Dichters (vgl. Ch. Lyon).

Eul. (V.) — Lied auf die heilige Eulalia in Altromanische Sprachdenkmale; ed. Fr. Diez. Bonn 1846 p. 15 ff.
Eine nähere Betrachtung der sprachlichen Formen dieses Gedichtes im Verhältniss zu denen der Strassburger Eide von 842 lässt wohl keinen Zweifel, dass die Hschr. nicht dem 9. (Diez p. 15), sondern erst dem 10. Jahrh. angehört (vgl. Littré: Hist. de la langue franç. Paris 1863 Bd. II 270). — Die Eide und das gleichfalls aus dem 10. Jahrh. stammende Fragment von Valenciennes boten für die Untersuchung keine Belege. Die Passion Christi und das Leben

---

[1]) In Les voyages merveilleux de saint Brandan à la recherche du paradis terrestre p. p. Fr. Michel, Paris 1878 — nach derselben Hschr. wie oben genannter diplomatischer Abdruck edirt, ist zwischen 430 und 440 bei der Zählung ein Vers übergangen.

des heil. Leodegar glaubte ich wegen ihrer sprachlichen Mischung des nord- und südfranz. Idioms nicht benutzen zu dürfen.

Froiss. (B. S.) — Le premier livre des Chroniques de Froissart; ed. K. de Lettenhove. Bruxelles 1863. 2 Bde.

Erstes Decennium des 15. Jahrh. (Intr. VI).

Gayd. (V.) — Gaydon, chanson de geste; ed. Guessard et Luce. Paris 1862 (Anc. Poètes de la France Bd. VII).

Girb. — Anfang der Chanson de Girbert de Metz; ed. Stengel (Boehmer's Romanische Studien I 441 ff.).

Zweite Hälfte des 12. Jahrh. — Citirt nach Seiten mit folgender den Seitenzeilen vorgesetzter Verszahl.

H. Cap. (S. Z.) — Hugues Capet, ed. de la Grange. Paris 1864 (Anc. Poètes de la France Bd. VIII).

Wahrscheinlich nicht später als 1340 (Préf. XVI. XXVI).

J. Blv. — s. A. Aml.

J. Mar. (S.) — Les quinze Joyes de Mariage. Paris 1853 (Bibl. elzev.).

Das zu Grunde liegende Mscr. von Rouen ist im Jahre 1464 entstanden (Préf. X).

Job (S. Z.) — Moralium in Job fragmenta in Li dialoge Gregoire lo Pape, ed. W. Foerster. Halle 1876 p. 299—370.

Die Hschr. dürfte schon gegen das Ende des 12. Jahrh. geschrieben sein (Vorbem. VIII).

Joinv. (§). — Jean Sire de Joinville, Histoire de saint Louis; ed. N. de Wailly. Paris 1874.

J. Paris (S.) — Le Romant de Jehan de Paris Roy de France; ed. A. de Montaiglon. Paris 1874.

Dieser Roman gehört dem 15. Jahrh. an (Préf. XXIII ff.), vielleicht der Mitte desselben, da die beiden benutzten Hschr. aus dem Ende dieses Jahrh. stammen (ib. XXIV).

Men. (S.) — Satyre Ménipée de la vertu du catholicon d'Espagne; ed. Ch. Labitte. Paris 1841. — 1593, erste Ausgabe 1594 (Einl. I. V.)

M. Frc. (B. S.) — Poésies de Marie de France; ed. Roquefort. Paris 1820. 2 Bde.

Erste Hälfte des 13. Jahrh. (Bd. I 12. 20. II 410).

Mir. — s. Th. frc.

N. frc. (S.) — Nouvelles françoises en prose du XIIIe siècle; ed. Molant et d'Héricault. Paris 1856 (Bibl. Elzev.).

Welcher Zeit des 13. Jahrh. die Hschr. angehören, wird nicht näher angegeben; man darf sie wohl der ersten Hälfte dieser Periode zuweisen, insofern sie nämlich, wie folgende Untersuchung zeigen wird, mit den Denkmälern jener Zeit übereinstimmen.

Ogier (V.) — La chevalerie Ogier de Danemarche par Raimbert de Paris. 2 Bde. Paris 1842.

Anfang des 12. Jahrh. (Préf. XLV).

O. Ps. — Libri Psalmorum versio antiqua; ed. Fr. Michel. Oxonii 1860. Hierzu Meister: Die Flexion im Oxforder Psalter. Halle 1877 p. 23. 24.

Die Hschr. gehört noch der ersten Hälfte des 12. Jahrh. an; die Abfassung der Uebersetzung darf der zweiten Hälfte des 11. Jahrh. zugeschrieben werden (cf. Zeitschrift für roman. Phil. Bd. I p. 568 ff.). — Den Psalter selbst citire ich nach Psalm und Vers. Zur Bezeichnung der ihm folgenden Abschnitte behalte ich die von Meister gewählten griech. Buchstaben bei; hiervon kommen für folgende Untersuchung nur in Betracht: δ = Cant. Moysis (p. 236—8) — ε = Cant. Habacuc (p. 239—41) — ζ = Cant. Moysis ad filios Israel (p. 242—8) — η = Benedicite, omnia opera Domini (p. 248) — π = Oreisun apres le saltier (p. 259, 260). Die diesen griech. Buchstaben beigefügten Zahlen bezeichnen ebenfalls Verse, ausser bei π, wo sie sich auf die Zeilen der Michel'schen Ausg. beziehen.

Orl. (S.) — Les Poésies du duc Charles d'Orléans; ed. Champollion-Figeac. Paris 1842. (Nur für die 1. und 2. pl. benutzt).

P. Br. — s. Th. frc.

P. Pat. (V.) — Maistre Pierre Patelin; ed. F. Génin. Paris 1854. Wahrscheinlich 1460 (p. 24).

R. Amr. — s. A. Amr.

Rois (S.) — Les quatre Livres des Rois traduits en français du XIIe siècle, suivis d'un fragment de Moralités sur Job et d'un choix de sermons de saint Bernard; ed. Le Roux de Lincy. Paris 1841.

Der Text der Quatre Livres des Rois (Rois) gehört spätestens der zweiten Hälfte des 12. Jahrh. an (Intr. LVI).

Die Hschr., welche die Auswahl der sermons de s. Bernard (S. Bern.) enthält, stammt nach Le Roux (Intr. CXXXIV) aus der zweiten Hälfte des 13. Jahrh. P. Meyer (Revue critique 1867, I 330 n. 4) und W. Foerster (Li dialoge Gregoire lo Pape. Halle 1876. Vorbem. VII) haben die Uebersetzung selbst dem 13. Jahrh. zugewiesen. Diese Ansicht bestätigt vor Allem der durchgängige Gebrauch der Masculinformen *mon, ton, son* vor vocalisch anlautenden Femininis, welche wohl schon ziemlich oft in der zweiten Hälfte des 13., niemals aber im 12. Jahrh. sich finden dürften, in welches Le Roux die Uebersetzung verlegte (p. CXLII).[1] Ferner widersprechen der Annahme Le Roux's die schon mehrfach begegnenden Formen auf *e* in der 1. sg. Praes. Ind. von Verben auf *er*[2]), die auch erst spärlich in der ersten Hälfte, häufiger schon in der zweiten Hälfte des 13. Jahrh. auftreten.[3]) — Es wird daher Nichts im Wege stehen, das vorliegende Denkmal mindestens der Mitte des 13. Jahrh. zuzuweisen, also noch weiter zu gehen als P. Meyer, der dasselbe l. c. wenigstens in den Anfang dieses Jahrh. setzt.

Rol. (V.) — La chanson de Roland; ed. Th. Müller. Göttingen 1878.

Nach Gautier Epopées, 2e éd. Paris 1878, I. 531 *écrite vers l'an 1070.*

---

[1]) Gessner (Zur Lehre vom franz. Pronomen — Progr. des Collége franç. zu Berlin 1873 p. 20) findet diesen Gebrauch allerdings auffällig, aber eben weil auch er die serm. de s. Bern. ins 12. Jahrh. setzt.

[2]) So 548u *proie,* 549m *done,* 553o *cuyde* und *abandone,* 557u *demore,* 570o *parole.*

[3]) Solche Formen aus der ersten Hälfte des 13. Jahrh. sind z. B. *Gayd.* 902 und 7217 *eschape.* 3863 *mainne.* 10443 *ainme.* — *Viane* 168 *doute.* — *A. Aml.* 628 *aimme.* — *M. Frc.* I 492 *aime.* II 206 *dute.* II 211 und 294 *ose.* — *A. Amr.* 1737 *bee.* 2280 *devise.* — *R. Amr.* 230 *devise.* 297 *ose.* — Die drei letzteren könnten jedoch auch durch den Reim herbeigeführt sein.

Rose (V.) — Le Roman de la Rose par G. de Lorris et J. de Meung; ed. Fr. Michel. Paris 1864.

Hiervon benutzte ich nur den von G. de Lorris (starb gegen 1260 — Préf. XIII) verfassten Theil, der nach dieser Ausgabe bis V. 4670 reicht.

Rou (V.) — Maistre Wace's Roman de Rou et des ducs de Normandie; ed. H. Andresen. I. Bd. Heilbronn 1877.

Nach 1160 (Einl. II). — Die Zahlen beziehen sich auf den zweiten Theil; der erste bot ausser V. 371 keinen Beleg. *Rou Chr.* — bezeichnet die als Anhang mitgetheilte Chronique ascendante des ducs de Normandie. — Nach 1174 (p. 202).

R. Sv. — s. Th. frc.

Rut. — s. Th. frc.

S. Alex. (V.) — La vie de saint Alexis; ed. G. Paris et L. Pannier. Paris 1872.

Die bei der folgenden Abhandlung benutzte früheste Bearbeitung dieses Heiligenlebens entstand um die Mitte des 11. Jahrh. (p. 40).

S. Bern. — s. Rois.

S. Nich. (V.) — Maistre Wace's St. Nicholas; ed. Delius. Bonn 1850.

Wohl früher als die beiden Hauptwerke von Wace, der Roman de Brut (1155) und der Roman de Rou (1171), entstanden (Einl. IV ff.).

S. Thom. (V.) — La vie de saint Thomas le martyr par Garnier de Pont Sainte Maxence; ed. Hippeau. Paris 1859. — Dazu: Leben des h. Thomas von Canterbury; ed. J. Bekker. Berlin 1838.

Verfasst 1172 — 76 (Hippeau, Intr. IX — XII).

Th. frc. (S.) — Théâtre français au moyen-âge; ed. Monmerqué et Michel. Paris 1839.

p. 11. *R. Sv.* — La Résurrection du Sauveur; der zweiten Hälfte des 12. Jahrh. angehör.

p. 21. *Adam.* — Adam de la Halle, lebte etwa von 1240 — 86.

p. 137. *Rut.* — Le Miracle de Theophile von Rutebeuf, dessen Blüthezeit wohl um 1250 fällt.

p. 158. *Bod.* — Jean Bodel, ein Zeitgenosse des eben Genannten.

p. 208. *P. Br.* — De Pierre de la Broche qui dispute à Fortune par devant Reson. Der Tod des Dichters fällt in das Jahr 1276.

p. 216. *Mir.* — Unter dieser Bezeichnung fasse ich neun Miracles zusammen, unter denen die letzten sechs Mir. de Nostre Dame sind. Sie sind alle einem Mscr. entnommen und scheinen dem 14. Jahrh. anzugehören.

T. Ldr. (S.) — Le livre du Chevalier de la Tour Landry pour l'enseignement de ses filles; ed. A. de Montaiglon. Paris 1854 (Bibl. elzev.).

1371 — 72 (Préf. XXVIII).

Troie (V.) — Benoit de Sainte-More et le Roman de Troie; ed. A. Joly. 2 Bde. Paris 1870, 71.

Von 1184 an (I 57).

Viane (S.) — Le Roman de Girard de Viane par Bertrand de Bar-sur-Aube. Reims 1850 (Poètes champenois Bd. IX).

Die Blüthezeit des Dichters fällt gegen 1220 (Einl. VI).

Vill. (S.) — Oeuvres complètes de François Villon; ed. P. Jannet. Paris 1867.

Villeh. (§). — La conquête de Constantinople par Geoffroi de Ville-Hardouin; ed. N. de Wailly. Paris 1872.

Vr. An. (V.) — Li dis dou vrai aniel; ed. A. Tobler. Leipzig 1871.

Wahrscheinlich vor 1285 (Einl. XVIII).

Nach diesen Angaben wird also die historische Reihenfolge der genannten Werke etwa folgende sein[1]):

10. Jahrh. Eul.
11. „ S. Alex. — Rol. — O. Ps.
12. „ C. Ps. — Cump. — Brand. — Ogier. — S. Nich. — Rois. — Job. — Rou. — R. Sv. — S. Thom. — Chron. — Troie. — Erec. — Alisc. — Ant. — Ch. Lyon. — Girb.
13. „ Villeh. — Gayd. — Viane. — A. Aml. — J. Blv. — M. Frc. — N. frc. — A. Amr. — R. Amr. — Rose. — S. Bern. — Adam. — Rut. — Bod. — P. Br. — Vr. An. — Cleom.
14. „ Joinv. — H. Cap. — Mir. — T. Ldr.
15. „ Froiss. — Orl. — J. Mar. — J. Paris. — P. Pat. — Vill.
16. „ Cl. Mar. — Men.

Die Flexionen der zu untersuchenden Conjunctivformen werden sich a priori am Besten aus einer Betrachtung der französischen Auslautsgesetze ergeben, der ich im Allgemeinen die Abhandlung von J. Zupitza: „Die nordwestromanischen Auslautsgesetze“ (Jahrb. für roman. und engl. Liter. XII 187—202) zu Grunde lege.[2])

I. Das consonantische Auslautsgesetz.

Für die vorliegende Untersuchung kommen nur *s*, *t* und *m* in Betracht.

A. *s* und *t* bleiben erhalten:

1) *s*; z. B. *cantas : chantes*. Wenn wir im Norm. häufig als Endung der 1. pl. *um* ohne *s* finden, so beruht dies wohl auf dem Umstande, dass hier, wie durchgängig im Provz., „der Plural der Person dem Sprachsinne mit blossem *m* hinreichend ausgedrückt schien“ (Diez Gramm. II[3] 198).

Für *ts*, durch Ausfall eines Vocals zwischen *t* und *s* entstanden, tritt als orthographischer Vertreter *z* ein, z. B. *fortis*, *fortes: forz;* statt der Verbalendung *ez* findet sich jedoch häufig, namentlich im Picard., nur *és*.

Hierher gehören die 2. sg. und pl. und die 1 pl. Conj.

2) *t* erhielt sich beim Verbum anfangs in allen dritten Pers. sg. Ind. und Conj. (im Norm. häufig als *d* — vgl. Diez Gramm. II 225), z. B. *laudat: loet.*[3])

---

[1]) Ueber A. Amr. und R. Amr. vgl. p. 382, A. 1.

[2]) Vgl. auch Heinr. Freund: Ueber die Verbalflexion der ältesten franz. Sprachdenkmäler bis zum Rolandslied einschliesslich. Dissert. Marburg 1878 p. 9 ff.

[3]) Seit der Mitte des 12. Jahrh. aber — Burg. I 215, 225 und 228 giebt die

In der 3. pl. hat es sich bis heut in allen Temporibus und Modis behauptet.

Hierher gehören die 3. sg. und pl. Conj.

B. m fällt ab, z. B. *annum: an.*

Hierher gehört die 1. sing. Conj.

II. Das vocalische Auslautsgesetz.

Alle Vocale ausser *a*, welches sich als *e* erhält, fallen in letzter Silbe ab oder aus. Hier kommen nur *e, i* und *u* in Betracht.

1) *e;* z. B. *amare: amer, canta(vi)sset: chantast.*

In der Verbalendung *ent* konnte jedoch eine Syncope des *e* nicht eintreten, da sonst nur sehr schwer aussprechbare Consonantenverbindungen entstanden wären, z. B. *canta(vi)ssent: chantassent.*

Hierher gehören der ganze Sing. und die 3. pl. Conj.

2) *i;* z. B. *cantatis: chantez, misit: mist, eris: iers.*

Hierher gehört die 2. pl. Conj.

3) *u;* z. B. *cantamus: chantons.*

Hierher gehört die 1. pl. Conj.

Diesen Auslautsgesetzen gemäss müssten also die Flexionen des Conj. Praes. eines Verbums, welches der ersten schwachen Conjugation angehört, wenigstens in den älteren Denkmälern der franz. Sprache — denn nur für die älteste Zeit können diese Gesetze als massgebend angesehen werden — folgende sein:

Lat.	-em	-es	-et	-mus	-tis	-ent
Frz.	—	-s	-t	-ns, m	-z, s	-ent

Die folgende Untersuchung wird ergeben, ob sich dies a priori aufgestellte Paradigma in Wirklichkeit bestätigt.

Singularis.

Erste Person Singularis.

A. Der Stamm endet auf einen Vocal, oder auf eine einfache, doppelte oder solche mehrfache Consonanz, die zu ihrer Aussprache eines folgenden Vocales nicht bedarf.

1. Die Auslautsgesetze haben uns gezeigt, dass die lat. Flexionssibe *em* im Franz. ganz abfallen, dass also z. B. *jurem: jur* ergeben

---

Zeit nicht richtig an, denn Rois, Job und S. Bern., aus denen seine Beispiele hierfür entnommen sind, können allein nicht massgebend sein — begann dies *t* im Praes. Ind. der 1. schw. Conjg., im Perf. aller schw. Conjg., sowie im Praes. Conj. und Fut. aller Conjg. (mit Ausnahme des Praes. Conj. der 1. schw.) zu verschwinden.

muss — denn nur auf die unter A. gehörigen Verba können diese Gesetze Anwendung finden — und damit stimmen in der That die Formen in den ältesten Denkmälern überein.[1])

11. Jahrhundert.

S. Alex. 46d *guard* (s. unt. p. 384)[2]). *Rol.* 493 *envei.* 322 *esclair.*[3]) 893 *mat.* 2915 *plur.* — Ueber *O. Ps.* siehe unter 12. Jahrh.

12. Jahrhundert.

C. Ps. 109, 2. *pos.* ε, 25 *repous.* 72, 28 *recunt.* *Rou* 1879 *envei.* 4056 *main.* 4771 *merveil.* *Chron.* 9918 *demuer.* 14100 *desir.* 7245 *despoil.* I 178 *devis* (ebenso II 815. 2030. 6961. 33293). 10227 *envei.* 23666 *errei.* 16624 *eschap.* 36703 *obli.* 23275 *otrei.* *Troie* 25107 *apui.* 11814 *devis* (ebenso 21007. 21064. 22018. 29550). 15274 *dot.* 13655 *otrei.* 15259 *port.* 13541 *pri.* *Ch. Lyon* 3977 *les* (s. unt. p. 383).

Es darf mit Sicherheit angenommen werden, dass in dieser Zeit die den Auslautsgesetzen entsprechenden Formen noch durchaus herrschend waren; auffallend muss es daher sein, wenn der noch dem 11. Jahrh. angehörige *O. Ps.* und die *Rois* durchweg, der *C. Ps.* fast durchgängig abweichende Formen, nämlich solche mit finalem *e* zeigen, die, da diese Denkmäler in Prosa geschrieben sind, nur auf einem Einfluss der eben berührten entsprechenden Formen andrer Conjugationen beruhen können — sollte schon in jener frühen Periode das norm. Flexionssystem seinem

[1]) Vgl. Chabaneau: Hist. et théorie de la conj. franç. Paris 1863 p. 63. — Die Ansicht von Andresen (Ueber den Einfluss von Metrum, Assonanz und Reim auf die Sprache der altfranzösischen Dichter. Dissert. Bonn 1874 p. 46), dass hier aus metrischen Gründen ein *e* abgefallen sei, ist bereits von G. Paris, Rom. IV 284—5 widerlegt worden. — Auch N. de Wailly irrt, wenn er (Langue et grammaire de Joinville, l. c. p. 527) meint, dass *l'e muet final caractérisait la première pers. du sing.* — wenigstens kann man diese Behauptung nicht in ihrer Allgemeinheit gelten lassen (vgl. p. 381 ob.).

[2]) G. Paris, Alex. p. 122 n. 2 bemerkt, dass *guard* vielleicht auch Ind. sein könne — der Zusammenhang spricht jedoch entschieden für den Conj.

[3]) In *Rol.* 310: *Se Deus ço dunet que jo de là repaire, Je t'en muvrai un si tres grant contraire* . . . kann das finale *e* von *repaire*, da diese Form einem zu frühen Denkmal angehört, weder einem Einfluss der entsprechenden Formen andrer Conjg. — deren *e*, als aus lat. *a* hervorgegangen, ganz berechtigt ist — zugeschrieben werden, noch auch dürfen wir Trautmann (Bildung und Gebrauch der Tempora und Modi in der *Chanson de Roland.* Dissert. Halle 1871 p. 10) darin beistimmen, dass *repaire* ebenso gut wie *esclair* das *e* hätte entbehren können, dasselbe jedoch der Assonanz zu Liebe festgehalten (!) habe. Vgl. H. Freund l. c. p. 19, und hier p. 385 ob.

Verfall nahe gewesen sein, oder sollte das Norm. sich gerade dadurch von andern Dialecten unterschieden haben?

O. Ps. 70, 10 *cante.* 118, 60 *guarde* (ebenso 118, 101. 134. 146). 22, 9 und 26, 7 *habite.* ε, 26 *munte.* 109, 2 *pose.* ε, 26 *repose.* 25, 30 *recunte.* 140, 11 *trespasse.* 26, 8 *visite.* *C. Ps.* 26, 5 *abite.* 17, 38 *deguaste.* 118, 57 *guarde.* ε, 25 *munte.* 9, 14 und 25, 7 *recunte* (vgl. 72, 28 *recunt*). *Rois* 38 *amende.* 56 und 57 *aüre.* 41 *cesse.*[1]) 213 *guste.* 410 *remue.* 338 *returne* (vgl. unt. p. 385). — Hierher mag auch wohl *Brand.* 1452 *Pur cel ai cest (sc. drap) dun me lie Par la buche que ne neie* gehören, wenn dieses unorganische *e* nicht etwa ebenso wie in der 1. sg. Ind. *lie* durch das Versmass veranlasst ist; doch darf man vielleicht auch *que ne neie* als Consecutivsatz, also *neie* als Ind., auffassen. Zur Herstellung eines genauen Reimes würde übrigens eine Aenderung von *neie* in *nie* (vgl. *Rou* II 335 *nit (necet): prit* etc., *Ogier* 1012 *otrit (auctoricet): tenir, plevi* etc.) oder Herstellung des früheren *leie* erforderlich sein.

Die beiden folgenden Beispiele mit finalem *e* werden sich dagegen leicht auf andere Weise erklären lassen.

Alisc. 2115: *Miex vuel morir ke je ne le chastie.*

Erwägt man, dass dieses Gedicht nicht mehr blosse Assonanzen, sondern fast durchgängig Assonanzreime zeigt, so wird man leicht einsehen, wie der Dichter sich veranlasst sehen konnte, die Richtigkeit der grammatischen Form dem Assonanzreime *ie* zu opfern — eine Erscheinung, die sich keineswegs blos hier, sondern in allen Nationalepen sowohl in der Nominal- wie in der Verbalflexion wahrnehmen lässt.

Alisc. 2935: ... *miex vuel estre enfouie Ke je me lieve dusque m'ert otroïe Li acordance.*

Hier haben wir es allerdings nicht mit einer Form zu thun, die in der Assonanz stünde; wenn wir aber bedenken, dass sich die Verfasser von Volksepen (namentlich wie in vorliegendem Falle vor der Cäsur) stets grössere Freiheiten erlaubt haben als höfische Dichter, so wird auch diese Form alles Auffällige verlieren.

---

[1]) Dieser Conj. hängt ab von *ne place Deu;* es sei jedoch gleich hier bemerkt, dass schon die alte Sprache in Sätzen, die von Verben oder Wendungen regiert werden, welche einen Affect bezeichnen, hin und wieder auch den Ind. setzt (vgl. Mätzner, Franz. Synt. I 141. Franz. Gramm. 1877 p. 343); z. B. abhängig von *ennuier: Cleom.* 12185 *ooient* — von *peser: N. frc.* 238 *va, vient. Joinv.* 513 *aves. H. Cap.* 207, 27 *voy* — von *plaire: N. frc.* 218 *faites.* — Nach *soi merveiller, est merveilles* und dergl. habe ich nur einen einzigen entschiedenen Conj. angetroffen: *Cleom.* 4881 *veut (veillier);* der Ind. steht z. B. *J. Blv.* 1267 *ment (mentitur). Rose* 3723 *estes. Joinv.* 452 und 604 *avez.* 678 *est.*

13. Jahrhundert.

Bis etwa zur Mitte dieses Zeitraums erhalten sich die regelrechten Formen ohne finales *e*, dann aber macht sich durchweg der Einfluss des Conj. andrer Conjg. bemerkbar: wir finden von dieser Zeit an fast ohne Ausnahme Formen auf *e*, die sich allerdings ganz vereinzelt auch schon in der ersten Hälfte des Jahrh. zeigen.

Gayd. 4490 *apel.* *A. Aml.* 1915 *lais* (s. p. 383). *J. Blv.* 885 *cop.* *M. Frc.* II 314 *bes* (s. p. 383). I 388 *cunt.* II 412 *desir.* I 442 *gart* (s. p. 384). *N. frc.* 234 und 247 *demant* (s. p. 384). *R. Amr.* 453 *recort* (s. p. 384).

Formen mit *e* aus der ersten Hälfte des Jahrh.:

Villeh. 359 *laise.* *A. Àmr.* 636 und 1595 *aime.* 726 *baise.* *R. Amr.* 249 *desclaire.*[1])

Von der Mitte des Jahrh. an erscheinen, wie gesagt, fast durchgängig Formen auf *e*:

Rose 3403 *baise.* 4109 *conte.* 3091 *dente* (= *donte*). 988 *fine.* 1911 *pense.* *S. Bern.* 527[u] *coyse.* 558[m] *warde.* *Adam* 69 *frape.* *Bod.* 196 *crieve.* 185 *gieue.* 191 *grieve.* *Cleom.* 9784 *baille.* 17080 *devise.* 17322 *recorde.*

Vereinzelte Formen ohne *e*:

Rose 3190 *aim.* *Adam* 121 *remu.*[2]) *Bod.* 191 *lais* (s. p. 383).

Schon in der zweiten Hälfte des 12. Jahrh. hatte die 2. sg. Praes. Ind. von Verben nach der 2. oder nicht-inchoativen 3. schwachen oder nach einer der drei starken Conjg. die 1. sg. insofern beeinflusst, als letztere schon hin und wieder das ihr etymologisch nicht gebührende *s* (*z*) annahm, welches sich ja bis heut hier erhalten hat; z. B.

Ant. I 113 *prens.* II 65 *quiers.* II 55 *rens.* II 115 *sais.* *Girb.* 541, 29 *repens.* 499, 3 *semons.* 482, 4 *vis* (*vivo*). *Gayd.* 9349 *pers.* 8613 *ranz.* *A. Aml.* 1824 *atanz.* 1502 *deffanz.* 2777 *entenz.* *J. Blv.* 159 *crienz.* 3044 *maiz* (*mitto*). 349 *pans* (*pendo*). 1793 *perz.* 1764 *ranz.* *Rose* 1934 *atens* etc.

Dieses unorganische *s* (*z*) fand nun aber auch nach falscher Ana-

---

[1]) Dies fast ausnahmslose Auftreten des *e* in A. Amr. und R. Amr. lässt mich vermuthen, dass diese Gedichte nicht in den Anfang, sondern mehr nach der Mitte des 13. Jahrh. zu zu setzen sind.

[2]) Diese Form, abhängig von *mais que* = *pourvu que* könnte vielleicht auch, obwohl *mais que* in dieser Bedeutung sonst durchaus den Conj. regiert, der durch den Reim hervorgerufne Ind. sein (s. die ganze Stelle p. 386 ob.); vgl. *Mir.* 473: *Trop voulentiers, mais que me dites Pour lequel d'eulx je seray quittes Avoir affaire.*

logie in der 1. sg. Praes. Ind. von Verben nach der 1. schw. Conjg. Eingang; z. B.

Chron. II 2155 *enclins.* *Ant.* I 98 *cuis.* II 31 *mans.* *Girb.* 445, 49 *acors.* 505, 17 *ains.* 477, 9 *chans.* 447, 16 *clains.* 529, 3 *commans.* 457, 30 *gars.* *Gayd.* 8899 *ainz.* 10778 *clainz.* 4518 *douz.* 8322 *redouz.* *A. Aml.* 1915 *ainz.* 729 *apors.* *J. Blv.* 1001 *ainz.* 752 *garz.* 2559 *los* (*laudo*). 159 *redouz.* *Rose* 2005 *acors.* 2967 *recors.* 1979 *ains* etc.

Daher wird es nicht auffallen, wenn wir dies *s* sogar in der 1. sg. Praes. Conj. der 1. schw. Conjg. finden, möglicherweise allerdings nur durch das Bedürfniss des Reimes veranlasst:

Rose 2094: *Vilonnie fait li vilains, Por ce n'est pas drois que ge l'ains.*

14. Jahrhundert.

Wir sahen, dass schon in der zweiten Hälfte des eben besprochenen Zeitraums Formen auf *e* entschieden überwiegend waren; im 14. Jahrh. haben dieselben bereits, wenn wir von der einzigen, wohl nur dem Reim auf *port* (*portus*) zu Liebe ihres *e*'s beraubten Form *port* (*Mir.* 371) absehen, den Sieg über die älteren Formen davongetragen.

Joinv. 19 *conte.* 642 *laisse.* *H. Cap.* 227, 10 *fie.*[1]) 52, 25 *otroie.* 104, 12 *remue.*[2]) 52, 25 *renoie.*

Es wird nicht nöthig sein, noch weitere Belege aus späteren Denkmälern anzuführen; das paragogische *e* — um einen Ausdruck von Diez (Gramm. I 236 A. — vgl. Knauer: Beiträge zur Kenntniss der franz. Sprache des XIV. Jahrh. — Jahrb. XII 155 ff.) zu gebrauchen — lässt sich seit jener Zeit nicht mehr verdrängen.

2. Endet der Stamm auf einen Consonanten, so erleidet dieser in Formen, die noch kein paragogisches *e* aufweisen, in gewissen Fällen eine orthographische Veränderung:

a) Doppelconsonanz wird vereinfacht (vgl. *bas,* aber *basse*):

Chron. 12226 *lais.* *Troie* 26915 *bes.* 15071 *les.* *Ch. Lyon* 3977 *les.* *A. Aml.* 1915 *lais.* *M. Frc.* II 314 *bes.* *Bod.* 191 *lais.*,

---

[1]) mit Bezug auf einen negativen Begriff im Hauptsatze. Auch hier schwankt die alte Sprache und selbst das älteste Nfrz. in der Setzung des Conj. und Ind. So findet sich z. B. der Indicativ im Relativsatze nach *n'i a celui, il n'est chose* u. dgl. *Alisc.* 7012 *a.* 4534 *estuet.* — *T. Ldr.* 156 *est.* — *J. Mar.* 143 *desplaist.*

[2]) abhängig von *ains que,* welches aber auch bisweilen den Ind. regiert; so *Cump.* 1510 *furmat*(: *esguardat*). — *Alisc.* 4115 *ot* (*habuit*). — *Gayd.* 6178 u. 9983 *part.* — *Viane* 3 *furent.*

b) Die Media wird zur Tenuis verhärtet — ein Gesetz, welches auch die provz. und mittelhochd. Sprache kennt, und das auch im Nfrz. im Falle der Bindung beobachtet wird:

Troie 24553 *acort.* *Erec* 508 *ament.* *M. Frc.* I 442 *gart.* *N. frc.* 234 u. 247 *demant.* *R. Amr.* 453 *recort.*

Eine Ausnahme erleidet diese Regel jedoch insofern, als das Norm. die auslautende Dental-Media meist beibehält.[1])

S. Alex. 46 d *guard* (vgl. p. 380 A. 2). *Chron.* 23247 *amend.* Hierher gehört auch die Verwandlung eines stammauslautenden *v* zu *f*: *Chron.* 12628 *achef.*

Bisweilen kommt es vor, dass im Reim und durch diesen veranlasst die schliessende Media ganz abfällt:

Rou 4374: *prez sui que jeo t'aï* (: *afi* etc.).

Vgl. als 1. sg. Ind. von *cuidier Rou Chr.* 150 *cui*(: *hardi* etc.).

Ueber *rm, rn* s. unter B. 1) p. 385.

B. Der Stamm endet auf eine (bisweilen auch nur lautliche) Consonantenverbindung, welche ohne einen darauf folgenden Vocal gar nicht oder nur schwer aussprechbar wäre.

Derartige Worte nehmen nicht blos innerhalb der Verbalflexion, sondern durch alle Wortklassen der Sprache hindurch ein „euphonisches" *e* an, das von dem paragogischen *e* zu unterscheiden ist, da es sich bei allen hierher gehörigen Worten schon seit den ältesten Zeiten der Sprache findet und niemals denselben gefehlt hat: als ein Ersatz der den betreffenden Consonantengruppen folgenden Vocale darf dasselbe durchaus nicht angesehen werden, da es eben in jedem Falle, ganz ohne Rücksicht auf den folgenden Vocal, antritt; der Franzose, wie der Provenzale, glaubte jenen dumpfen vocalischen Laut am besten durch *e* wiederzugeben (vgl. Zupitza l. c. p. 201)[2]).

Diese Consonantenverbindungen oder consonantischen Laute, welche ein euphonisches e hinter sich nehmen, sind nun:

1) *muta* — oder *s* — *cum liquida* (vgl. *tabulam : table, litteram : lettre; acrem : aigre; simulo : semble, offero : offre; populum : peuple, titulum : titre, fraxinum : fresne, balsamum : bausme*):

---

[1]) Wenn Mall, Cump. p. 88 sagt, das norm. *d* sei „weiter nichts als ein Versuch der Schreiber, für den Laut, der bald hart, bald gar nicht gesprochen wurde, ein Zeichen zu finden, das beide Möglichkeiten offen liess", und doch dann das *d* der Hschr. verwirft, um es theils durch *t* zu ersetzen, theils gar nicht in der Schrift wiederzugeben — so lasse ich dahingestellt, ob dies mit Recht geschehen ist.

[2]) Hierher gehörende Beispiele für die 1. sg. Praes. Ind., die ja hierin mit der 1. sg. Praes. Conj. übereinstimmt, sehe man bei Andresen l. c. p. 45 A.

Rol. 489 *remembre.* *O. Ps.* 72, 17 *entre.* *Rois* 113 *entre.* 78 *mustre.* *Chron.* 4573 *mostre.* *Mir.* 244 u. 489 *assemble.* 352 u. 448 *delivre.* 321 *emble.* *Froiss.* I 5 *remonstre.*

Ebenso erfordert eine ursprüngliche Verbindung von *muta c. liqu.*, in welcher später die *muta* der folgenden *liqu.* sich assimilirte (namentlich *dr*, *tr* zu *rr*), selbst wenn die geminirte *liqu.* schliesslich vereinfacht wurde, ein euphonisches *e* (vgl. *tonnerre*, *verre* — *pere*, *mere*, *frere*); daher *repaire* (*repatriem*): *Rol.* 310. *Rois* 195 u. 410.

Hierher gehören auch die Verbindungen *rm* und *rn*, welche aber, sobald sie in den Auslaut treten würden, in volksthümlichen Bildungen das finale *m*, *n* abwerfen (*firmum : ferme*, *carmen : charme* etc. sind *mots savants*); nur im Norm. werden *rm* und *rn* als Wortausgänge geduldet (vgl. *dormio : dor*, norm. *dorm*; *diurnum : jour*, norm. *jurn*, *infernum : enfer*, *quaternum : cahier*; *carnem : chair*):

Chron. 33060: *ainceis que m'en retor.* *Troie* 1378: *Ne sui mie por ço venuz Que m'en retor com esperduz.* *Adam* 56: *Puis que Diex m'a donné engien, Tans est que je l'atour à bien.*[1])

2) *ch* oder palatales *g* (vgl. *porticum : porche*; *judicem : juge*; *rumigo : ronge*, *vindico : venge*; *largum : large*):

O. Ps. 118, 11 *pecche.* *C. Ps.* 38, 1 u. 118, 11 *pieche.* 25, 7 *preeche.* *Chron.* 6779 *atoche.* *N. frc.* 295 *venge.* *Rose* 4393 *touche.* *Mir.* 332 *approuche.* 573 *change.* 564 u. 650 *depesche.* 233 *touche* etc.[2])

Die Conjunctivendung *eam*, *iam* wurde vorzugsweise im norm. Dialect (Diez II 241. Burg. I 243) durch Erweichung des *e*, *i* in *j* zu palat. *ge* verwandelt, z. B. *venge* (*veniam*), *moerge*, *fierge.* — Allmählich gewann dieses *ge* immer mehr an Ausdehnung und Anwendung; man übertrug es bald auch auf Formen, denen nur *am* zu Grunde liegt (z. B. *renge*, *prenge*), und von hier aus ging es sogar in die 1. schw. Conjg. über (vgl. Diez l. c.); so sind also folgende Formen zu erklären, die sich gleichfalls in norm. Denkmälern finden:

C. Ps. 54, 7 *demuerje* (*B : demurge*). *Brand.* 119 *meinge.* *Rois* 39 *parolge* (ebenso 169. 357). *M. Frc.* I 432 *paroge* (vgl. Burg. I 309).

Das Picardische wandte neben den Conj. *mete*, *bate*, *kiee* etc. auch Formen an wie *mesche* (*Adam* 66), *mache* (*H. Cap.* 199, 24), *bache* (*Adam* 72), *kiesche* (*Bod* 188), deren *che* dann bisweilen ebenfalls

---

[1]) Einige weitere Beispiele giebt Andresen l. c. p. 46.

[2]) Dass das von Trautmann l. c. p. 9 als Conj. angeführte *targe* (*Rol.* 659) Ind. ist, hat H. Freund l. c. p. 6 richtig bemerkt. Des Letzteren Berufung auf v. 3502 ist jedoch durchaus nicht haltbar, da an dieser Stelle Hauptsätze vorliegen, in welche *ço m'est vis* parenthetisch eingeschoben ist.

fälschlich auf den Conj. Praes. der 1. schw. Conjg. übertragen wurde; daher

H. Cap. 18, 7: *Il vault trop mieulz que de ce je m'esanche* (von *esanter* = *exempter*; vgl. die Note). *Adam* 121: *Mais que de ci ne me remu, Ne ne bouche*[1]) *men doit u fu* (von *bouter*).

3) assibilirtes *c* (vgl. *principem*:*prince, pollicem*:*pouce; vitium*: *vice*):

O. Ps. 9, 14 *annunce* (ebenso 70, 21. 72, 28). *C. Ps.* 70, 18 *anuncie* (!). *Rose* 2081 *enromance*. *Mir.* 667 *renonce*.

Sollte assib. *c* ohne ein folgendes *e* in den Auslaut treten, so wurde es in *z* verwandelt (nur das Picard. gestattete auslautendes *c* und *ch* — Burg. I 216):

C. Ps. 105, 5: *Que je veie les biens de tes esliz, e me esleez en la leece de la tue gent*. *Ch. Lyon* 1985: .... *vos metez a devise Del tot an tot en ma franchise, Sanz ce que nes vos en esforz*. (Vgl. ib. 5035 *chaz*, 1. sg. Pr. Ind. von *chacier*. *Erec* 1046 u. 3394 *fianz*, 1. sg. Pr. Ind. von *fiancier*.)

4) mouillirtes *n*[2]) (vgl. *pectinem*:*peigne; digno*:*daigne; signum*: *signe*):

Rois 27 *regne*. *Alisc.* 582 *baigne*. *N. Frc.* 124 *gaagne*.

Seltner ist der Fall, dass man mouill. *n*, um es nicht in den Auslaut treten zu lassen, in nasales *n* verwandelte (vgl. *bénin, malin, étang, dédain, seing*):

Chron. 9408 *baing*. 11769 *esloing*.

Auch diese Endung *gne* wurde, wohl nach Analogie zu *viegne, craigne* etc., auf Formen übertragen, denen sie etymologisch nicht zukommt:

Alisc. 580: *Diex, je ne sai quel part mon ceval maigne* (*mener*).

Es bedarf für diese vier Fälle keiner weiteren Belege, da, wie gesagt, dieses euphonische *e* zu allen Zeiten anzutreffen ist.

Zweite Person Singularis.

I. A. Der Stamm endet auf einen Vocal oder auf eine einfache, doppelte oder solche mehrfache Consonanz, der sich in der Aussprache ein flexivisches *s* ohne Vermittelung eines Vocals leicht anschliessen lässt.

1. Das oben nach den Auslautsgesetzen aufgestellte Paradigma zeigt, dass die Endung dieser Person einfaches *s* ist, und diese wird sie auch

---

[1]) So ist wegen des Metrums statt *bouch* zu lesen.

[2]) Mouill. *l* gehört nicht hierher, da dieses sehr wohl Wortausgang sein kann.

in den ältesten Denkmälern, obwohl die Beispiele nicht allzu häufig sind, durchgängig gehabt haben, denn solche Formen treffen wir noch mehrfach bis zum Ende des 12. Jahrh. an.[1])

Rol. 1027: *„Tais, Oliviers"*, *li cuens Rollanz respunt, „Mis parrastre est, ne voeill que mot en suns."* *C. Ps.* 131, 10: *Por David, le tuen serf, ne desturnz la face de tun crist* (vgl. p. 389 ff.). *Rou* 2317: *Se sains e sals m'eschapes, Dreit as que Deu en los. Chron.* 20291: *Bien est que tu'n aquiz ta feiz.* 6557: *Qu'il te requert e qu'il te prie, Que del saint regenerement ... Comanz e voilles qu'od ses mains Te let e seit si tis parreins.* 21958: *Mais je te lo par dreit conseil Qu'à un metes ainz mort e vie .... que Normanz teus ne conreiz ...* 22644: *Por ce te mande doucement Qe si faiz secors li enveiz ...* 22945: *Te requerent trestuit par mei Que ceste chose ... Lor mantz* (!) *e dies e descovres.* 6299: *Si Crestiens veus devenir E tu li voilles pais tenir Si que li porz amor e fei ...* 23049: *Lo que por lur porz manaie.* 23157: *Prie à genoilz de bon corage ... Qu'à saint iglise t'umiliz. Erec* 2693: *Por ce ne doiz tu pas lessier Que tu ne meinz une partie ... De tes chevaliers avec toi. Ch. Lyon* 2772: *Par moi, que ci an present voiz, Te mande que tu [l'anel] li envoiz.* Vgl. auch *manjus* unter *manger.*

Zweifelhaft dürfte es sein, ob die mehrere Male begegnende Form *lais* auf *laier* oder *laissier* zurückzuführen ist; in letzterem Falle müsste man eine Vereinfachung dreier auf einander folgender *s* annehmen:

Ogier 1463: *Li amiraus m'envoie ça à toi, Que li lais Rome tenir, ce est ses drois. Chron.* 13562: *Qu'à ce entent e à ce veille ... Que nel rendes ne que nel lais.* 24477: *Se à tant est e ce avienge Que tu eissi del tot la lais, Ne nos est dote ne esmais.*

Bei stammauslautendem *rn* wurde in der Regel — ausser im Norm. — *n* vor unmittelbar antretendem *s* abgeworfen:

Chron. 18470: *en tel leu es venuz U tis pris sera coneuz, Ainz que jamais retorz ariere.* — S. dagegen oben *C. Ps.* 131, 10.

2. Hier aber muss sich sehr frühzeitig der Einfluss der entsprechenden Person andrer Conjg. geltend gemacht haben, da wir schon im 11. Jahrh. mehrfach die Endung *es* finden, die sich auch in späterer Zeit, wenigstens seit Anfang des 13. Jahrh., durchweg erhalten hat.

---

[1]) Vgl. Chabaneau l. c. p. 63. G. Paris, Rom. IV 284—5. — Zupitza l. c. p. 197 meint irrthümlich, dass Formen auf blosses *s*, obwohl regelrecht, nicht zu belegen sein. — Auch hier kann keineswegs von einem Ausfall des *e* aus metrischen oder sonstigen Gründen die Rede sein.

11. Jahrhundert.

O. Ps. 103, 16 *forsmeines.* 9, 35 *ublies.*

12. Jahrhundert.

C. Ps. 69, 1 *aïes.* 30, 2 *salves.* *Rois* 188 *portes.* *Chron.* 6096 *apaies.* *Alisc.* 6220 *eschapes.*

13. Jahrhundert.

Viane 18 *comperes.*[1] *A. Amr.* 1111 *renvoies.* *R. Amr.* 285 *vantes.* *Bod.* 188 *escaufes.*

14. Jahrhundert.

Mir. 323 *aoures.* 325 *copes, lieves.*

Weitere Beisp. s. unter No. II p. 389 ff.

B. Der Stamm endet auf eine Consonantenverbindung, welche im Verein mit dem flexivischen *s* ohne einen dazwischen tretenden Vocal gar nicht oder nur schwer aussprechbar wäre.

Zur Bezeichnung dieses dumpfen vocalischen Lautes, welcher zwischen Stamm und Endung tritt, hat man auch hier seit den ältesten Zeiten *e* gewählt, welches aber hier gleichfalls nicht eine Wiedergabe des lat. *e* der Flexion ist.

Zu den in Rede stehenden Consonantenverbindungen gehören:

1) *muta* — oder *s* — *cum liqu.*

O. Ps. 9, 37 *livres.* 30, 2 u. 39, 18 *delivres.* *C. Ps.* 39, 16 u. 69, 1 *delivres.* *Rois* 46 u. 422 *mustres.* *Villeh.* 277 *entres.* *S. Bern.* 524[u] *delivres.* *Joinv.* 416 *delivres.* *Mir.* 462 *blasmes.* 660 *livres, delivres.*

Hierher dürfte auch die Verbindung *st* gerechnet werden, die allerdings bei Nominibus im Falle des Antritts eines *s* in andrer Weise behandelt wird (vgl. *hostis* : *oz*).

Rois 408 *aprestes.* *Rose* 2259 *prestes.* *Adam* 87 *ostes.* *Joinv.* 278 *ostes.* *Mir.* 662 *aprestes.*

Ebenso erfordert *ss*, überhaupt ein den Stamm schliessendes *s*, vor flexivischem *s* ein dazwischen tretendes *e*:

Mir. 283 *laisses.* 355 *passes.* 284 *plaisses.* *Froiss.* II 371 *uses.* *J. Mar.* 120 *refuses.* *P. Pat.* 1516 *penses.*

Auch *rm, rn* bedürfen — ausser im Norm. (s. p. 387 unt.) — eines darauf folgenden *e* (vgl. p. 385 ob.):

Rose 2334 *retornes.*

2) *ch* oder palat. *g*: *O. Ps.* 93, 13 *assuages.* *C. Ps.* 9, 39 *juges.* *Ogier* 10270 *venges.*

---

[1]) So erfordert das Metrum statt *comparés* zu lesen.

Aehnlich wie 1. sg. *parolge* etc. (vgl. p. 385) ist *C. Ps.* 39, 22 u. 69, 5 *demuerges* und *Chron.* 10195 *meinges* gebildet.

3) assib. *c*: *Rois* 113 *curuces.*

4) mouill. *n*: *O. Ps.* 36, 8 *malignes.*

5) mouill. *l*: *Ch. Lyon* 363 *consoilles. Mir.* 272 u. 553 *apareilles.*

II. Noch heut ersetzt bekanntlich der Sprachgebrauch des Franz. (ebenso des Provz. und Ital.) in den Verben *esse, habere, sapere* und *velle* wegen der Natur ihres Begriffes den Imperativ durch den Conj. Das Afrz. verfuhr aber hierbei noch genauer als die heutige Sprache, insofern es nicht blos die 1. und 2. pl., sondern auch die 2. sg. des Imper. dieser Verba unverkürzt dem Conj. entlehnte, während das moderne Franz. bei dieser Person das finale *s* abwirft. Es beschränkte jedoch diese Anwendung der 2. sg. Conj. Praes. im Sinne eines Imper. nicht auf die eben genannten Verben, sondern dehnte dieselbe auch auf andere aus, und zwar nicht blos um einen gemilderten Befehl, eine Bitte u. dgl. zu bezeichnen, sondern wandte sie oft geradezu als Imper. an, was sich daraus ergiebt, dass sich solche Formen mehrfach mitten unter rein imperativischen finden; selbst die Schriftsteller des älteren Nfrz. machen hiervon noch Gebrauch (Burg. I 239); z. B.

Chron. 39525: *Ne criem, ne dote, ne t'esmaies. Mir.* 325: *Estens le col, besse la teste, Et pleures, se veulx, ou faiz feste. A. Amr.* 1332: *Li mes (mitte) ne coses ne combates, Ne ne la fieres ne ne bates. Gayd.* 3600: *Ou tu li rans Forcon et Amboyn, . . . Ou touz les faces trainer à roncin.*

Hierher gehören folgende, in gleicher Weise unabhängig mit imperativischer Bedeutung gebrauchte Conj. der 1. schw. Conjug.:

O. Ps. 43, 25 *rebutes. C. Ps.* 6, 1 *argües, chasties.* 26, 10 *declines.* 50, 12 *dejetes.* 26, 11 *deleisses.* 140, 8 *esvuides.* 26, 14 *livres.* 78, 8 *recordes.* 24, 6 *remembres. Chron.* 8784 *enclines. Viane* 26 *celes. M. Frc.* I 564 *esfroies. N. Frc.* 247 *aiues. A. Amr.* 398 *atouces.* 399 *aprouces.* 1220 *pries. Rose* 42 *gardes. Adam* 117 *demandes. Bod.* 178 *entres.* 196 *ostes. Mir.* 265 *avoies, envoies.* 282 *cesses.* 274 *cuides.* 221 *doubtes* etc. *T. Ldr.* 17 *ostes. Froiss.* II 371 *uses.* — *J. Mar.* 120 *refuses. P. Pat.* 620 *bailles.* 1571 *babilles.* 1081 *parles. Vill.* 81 *hobes.* 88 *recullcs. Cl. Mar.* I 286 *bouges.* II 30 *cherches.* II 89 *escoutes.* IV 136 *monstres.* — Ueber *donnes* als Imper. s. unter *donner.*

Die Verwandtschaft des Imper. mit dem Conj. zeigt sich also deutlich darin, dass letzterer den Imper. vertreten kann.

Aber auch der umgekehrte Fall ist möglich. Nicht selten nämlich kommt es vor, dass in einem mit *que* eingeleiteten, den Conj. erfordernden Satze, der von einem Verbum des Bittens, Begehrens u. dgl. abhängig ist, die Construction aufgegeben und — wozu eben jene nahe Beziehung zwischen Conj. und Imper. berechtigt — zum Imper. übergegangen wird.[1])

Ueber allen Zweifel sichergestellt wird diese Erscheinung für die 2. pl. — für die ich des Zusammenhangs halber schon hier die Beispiele geben will — durch den ziemlich häufigen Gebrauch von *dites* und *faites* selbst noch in den frühesten Denkmälern des Nfrz. (etwa bis zur Mitte des 15. Jahrh.) in einem derartigen untergeordneten Satze: Formen, die ja nur dem Ind. oder, worauf es hier ankommt, dem Imper., niemals aber dem Conj. angehören können, z. B.

Gayd. 3859: *... je voz proi et requier Que voz me ditez où menez cel destrier.* *Joinv.* 81: *Si vous mande li roys ... que vous ne le faites.* *Orl.* 418: *vous charge que vous faites toute la diligence que vous pourrés.*

In den nun folgenden weiteren Belegen hängt der Imper. in dem mit *que* eingeleiteten untergeordneten Satze ab

a) von *prier.*

Dites: Ch. Lyon 4286. *J. Blv.* 589. *Joinv.* 499. *Mir.* 331. 378. *Orl.* 47. *J. Mar.* 61.

Faites: *Viane* 32. 134. *M. Frc.* I 528. *N. frc.* 213. *Cleom.* 5707. *H. Cap.* 143, 27. *Froiss.* I 119. 127 *Orl.* 160 (abh. v. *supplier*).

b) von *mander, commander.*

Dites: Joinv. 454.

Faites: Gayd. 6285. 8835.[2])

c) von *loer* (= *conseiller*)

Faites: Adam 101.

d) von *requerir.*

---

[1]) Vgl. Tobler, Gött. gel. Anz. 1874 p. 1039 zu Richars li Biaus (ed. Foerster) v. 66 und Zeitschrift für roman. Phil. I 14, wo mehrere Belege für die 2. sg. beigebracht sind. — Dass auch das Althochd. von dieser Freiheit Gebrauch machte, wird durch folgende Stelle aus Otfrid (IV 19, 49) bewiesen: *sîs bimunigôt, thaz thu unsih nû gidua wîs* — worauf J. Grimm in Kuhn's Zeitschr. f. vergl. Sprachforsch. I 144 ff. aufmerksam gemacht hat. Vgl. auch Dietrich in Haupt's Ztschr. f. deutsches Alterthum XIII 135—7, und Erdmann: Untersuchungen über die Syntax der Sprache Otfrids. Halle 1874/76 I p. 166.

[2]) Eine weitere Stelle s. Ztschr. f. rom. Phil. I 14, wo auch ein Beleg für die 2. sg. *fai* nach *requerir* gegeben ist.

Dites: Cleom. 14557.
Faites: Cleom. 3876. *Orl.* 181. 183.
e) von *voloir.*
Faites: Froiss. II 156. *Orl.* 417.
f) von *conjurer.*
Dites: N. Frc. 185.
g) von *garder.*
Dites: Joinv. 24.
Faites: Ch. Lyon 1326. *Joinv.* 24.

Besondere Beachtung verdienen noch folgende Beispiele:

Troie 3813: *Ne gie n'en sé consel doner Mes que nes (naves) fetes tot ovrer, En quei la mer poissons passer. Erec* 5411: *De l'aventure vos apel que soulement le non me dites. Froiss.* II 59: *il est heure que vous i renonchiés ou que vous i faites renoncier.* — Hiermit vgl. man *Mir.* 471: *Ami, je te lo que ton corps offres et ren de bon voloir. Mir.* 303: *Et maint convertir en verras A Dieu qui ci endroit m'envoie, Si que sanz delay mect te à voie.*

Da nun, wie wir oben gesehen haben, selbst noch das älteste Nfrz. Conjunctivformen der 2. sg. Praes. in rein imperativischem Sinne gebraucht, und da in vorliegendem Falle für die 2. sg. jedenfalls dasselbe gilt, was ich eben für die 2. pl. nachgewiesen habe, so könnte man vielleicht auch in den mit *que* eingeleiteten untergeordneten Sätzen der folgenden Stellen einen Uebergang vom Conj. zum Imper. annehmen, obwohl ein zwingender Grund hierfür nicht vorhanden ist.[1]) Dieselben hängen ab

a) von *prier.*
O. Ps. π, 3 *otreies. Rois* 13 *ceiles. Chron.* 2162 *apaises.* 2168 *enclines.* 13448 *laisses.* 2168 *tornes. Adam* 100 *cantes. Joinv.* 416 *aides, delivres.* 278 *ostes, otroies. Mir.* 622 *aprestes. P. Pat.* 1560 *penses.*
b) von *mander.*
Ogier 4316 *envoies. Alisc.* 8234 *envoies. Villeh.* 187 *asseures. Gayd.* 10664 *lievez. Joinv.* 492 *envoies.*
c) von *loer, conseiller.*
A. Amr. 1102 *envoies. Mir.* 244 *demandes.*
d) von *voloir.*
Mir. 515 *maines, paines.* 553 *portes, deportes.*
e) von *garder.*

[1]) Hierher gehören schon einige von den unter B. gegebenen Beispielen.

Rose 2259 *prestes.* *J. Mar.* 119 *escoutes.*

Das Fehlen des den untergeordneten Satz einleitenden *que* war im Afrz. namentlich nach *garder* äusserst gewöhnlich, daher wird man auch folgende Stelle hierher ziehen können, wenn man nicht etwa, was vielleicht rathsamer ist, in derselben geradezu den unabhängigen Imper. in conjunctivischer Form erkennen will[1]):

A. Amr. 72: *Mais garde, au moustier ja n'i* (*sc. aus femmes*) *bees.*

III. Eine besondere Betrachtung erfordern einige in der den N. Frc. einverleibten prosaischen Bearbeitung der Sage von *Amis* und *Amiles* vorkommende Conjunctivformen der 2. sg. und — um dies gleich hier zu erledigen — der 3. sg.

N. Frc. 52: *je te requier que tu me juroies feauté de amitié et de compaignie.* 55: *bien te garde que tu nen atoichoies à ma famme.* 62: *nos te prions que tu nos donoies congié por aschuir ceste mortel pestilance.* 67: *je te pri que tu ne me getoies pas de ton hostel.* 70: *Sire Dex, Jhesucriz, . . . qui mundas le mesel en ta parole, tu doignoies munder mon compaignum.* 56: *Garde que tu en aüne maniere ne me atoichies.*

39: *Les anfans je baptizerai volontiers, et li Peres et li Fiz et li Sainz Esperiz les embrassoit à l'amor de Sainte Trinité!* 65: *Tu diras Amile, ton compaignum, qu'il occie ses dos anfanz et te lavoit en lor sanc* (ähnlich 67). 68. *Ausi cum ce est voirs que li Anges ai parlé à moi en ceste nuit, se me delivroit Dex de m'enfermeté!*

Es seien hier noch einige zur selben Gruppe gehörige Conj. der 3. sg. aus dem *Roman en vers de très-excellent, puissant et noble homme Girart de Rossillon, ed. Mignard* erwähnt[2]):

196: *Il n'est nulz hons ne femme qui en cel paiis hante, qui n'appeloit cel val le vaul sanguinolante.* 217: *Gardoit soi cilz qui chiet, nulz non* (lies *nou*) *puet garantir.* 265: *Tuit li prient de cuer que . . . Leur empetroit vers dieu de leurs mals estre quites.*

Dass diese Formen, was ihre Endung betrifft, nicht auf den entsprechenden lateinischen beruhen oder durch die Flexionen *es*, *e*(*t*) andrer Conjg. beeinflusst sein können, ist auf den ersten Blick klar; sie haben vielmehr wohl ihre Entstehung einer Analogie zu den Con-

[1]) Man vgl. hiermit die so häufigen Wendungen: *garde, nel me noier; gardez, nel me celer* etc., in denen der negative Infin. an Stelle des negativen Imper. getreten ist. Andrerseits aber auch *Troie* 20421: Gardez, por riens ne *facez* faille. *Erec* 4068: Gardez, ja ne vos en *feingniez.*

[2]) Ich verdanke die nun folgenden Stellen einer gütigen Mittheilung des Herrn Prof. Tobler.

junctiven *soies* und *soit* zu verdanken. Zu beachten ist auch, dass in allen den Stellen, welche die 2. sg. enthalten, nach obigen Ausführungen der Conj. die Geltung eines unabhängigen Imper. haben kann, und in einem Falle wenigstens (*doignoies*) entschieden die eines Optativs hat, was mit der Anwendung von *soies* als Imper. genau übereinstimmt.

Atoichies 56 darf gewiss in *atoichoies* od. *atoiches* gebessert werden.

Dritte Person Singularis.

I. A. Der Stamm endet auf einen Vocal, oder auf eine einfache, doppelte oder solche mehrfache Consonanz, der sich in der Aussprache ein flexivisches *t* leicht anschliessen lässt.

1. 10. Jahrhundert.

Eul. 6 *raneiet.*

Es darf uns nicht Wunder nehmen, wenn wir in diesem alten Denkmal, das sowohl im Ausgang wie auch im Innern des Verses noch mehrere Wörter mit lateinischen Endungen aufweist, eine Verbalform finden, die den Auslautsgesetzen nicht entspricht, die vielmehr wohl die lat. Flexionssilbe *et* ohne Aenderung beibehalten hat.[1])

Dass wir nicht annehmen dürfen, es sei dies bereits die später auftretende Form mit paragogischem *e*, beweist deutlich der Umstand, dass das finale *t*, welches in diesem Falle stumm sein müsste, noch in dem erst in das nächste Jahrh. fallenden S. Alex. gesprochen wurde, insofern in diesem Gedicht eine Elision des dem *t* vorangehenden *e* noch nicht vorkommt. — Als sich aber die franz. Sprache in ihrer Formenbildung von der lateinischen gänzlich entfernte, und ihre eigenen Wege verfolgte, mussten auch die Auslautsgesetze Geltung gewinnen; daher sehen wir schon im 11. Jahrh. die diesen gemässen Formen auf blosses *t* auftreten und sich im Allgemeinen bis in den Anfang des 13. Jahrh. unverändert erhalten.[2])

---

[1]) Hierin schliesse ich mich also der von Foerster zu Rich. li Biaus v. 1540 a. E. ausgesprochnen Ansicht an, ohne jedoch dieselbe auch für 26 *degnet* (s. p. 410) gelten zu lassen. Mit obigem *raneiet* steht 26 *oram* bezüglich der Endung fast auf gleicher Stufe. Vgl. p. 401, A. 2. — Aus welchem Grunde man nach H. Freund l. c. p. 19 A. *raneiet* auch als Ind. auffassen könne, ist mir nicht klar.

[2]) Vgl. Diez II 232 unt. Mätzner, Gramm. 1877 p. 198 ob. Chabaneau l. c. p. 63. Boucherie: Le dialecte poitevin au XIIIe siècle. Paris 1873 p. 257. — N. de Wailly l. c. p. 527 spricht von einer ausnahmsweise eingetretenen „Unterdrückung“ des e in dieser Person.

11. Jahrhundert.

S. Alex. 93d *sazit.* *Rol.* 2436, 37, 38 *adeist.* 854 *aürt.* 2261 *apelt.* 1912 *rapelt.* 3462 *capleit.* 1592 *cumpert.* 1845 *demeint.* 1013 *empleit.* 579 *guerreit.* 3805 *otreit.* 1206 *parolt.* 1279 *peist.* 773 *plurt* (ebenso 822. 825. 841. 1814. 1836. 2193. 2381. 2419. 2517. 2873. 2908. 3364 etc.) 854 u. 3272 *prit.* 2739 *prist.* 1003 *reflambeit.* 779 *remut.* 411 *sunt.* 2381 *suspirt.* 1258 *ublit.* *O. Ps.* 65, 3 *adort.* 112, 7 *aliut.* 9, 42 *apost.* 7, 5 *defult, demeint.* 66, 1 *enlumint*[1]. 19, 2 *enveit.* η, 10 u. 15 *lot.* 16, 5 u. 84, 8 *parolt.* 108, 13 *repairt.* 118, 133 *segnort.* 40, 2 *vivifit.*

12. Jahrhundert.

C. Ps. 7, 5 *aliut.* 65, 3 *aürt.* 7, 7 *avirunt.* 140, 5 *chastit.* 7, 5 *defult.* η, 10 u. 16 *lout.* 108, 15 *repairt.* 95, 11 u. 97, 8 *tuent* (*tonet*). *Cump.* 2305 *fint.* *Brand.* 1387 u. 1478 *anuit.* 115 u. 130 *meint.* 760 *paint.* *Ogier* 572 *affit.* 3553 *envoit* (ebenso 9999. 10047. 10538. 11066). 11073 *lait.* 13058 *oblit.* 2646 u. 9953 *ost.* 1012 *otrit.* 1019 *otroit* (ebenso 10527 statt des hschr. *otroi*). 1133 *penst* (ebenso 1756. 5379. 7889. 8258). 1065 *poist.* 11143 *ramaint.* 11233 *tornoit.* *S. Nich.* 1533 *ment.* 1525 *oust.* *Rois* 364 *apuit.* 408 *aürt.* 346 *devurt.* 265 *enclint.* 40 u. 311 *enveit.* 65 *esmait.* 50 *meint.* 215 *multiplit.* 10 *prit.* *Job.* 301, 14 *moint.* *Rou* 2877 *ameint.* 1716 *crit.* 1713 *cuntralit.* 455 u. 2877 *demurt.* 2437 *enuit.* 4150 u. 4156 *enveit.* 1921 *foleït.* 1905 *guerreit* (Hschr.). 1717 *lit.* 1106 *mut.* 335 *nit* (*necet*). 1195 *ost* (ebenso 1200. 1232. 2049. 2909.). 3210 *peceit* (Hschr. *perchoit*). 336 *prit.* 623 *sut.* 3863 *tut.* 336 *umilit.* *Rou Chr.* 40 *ost.* 90 *parolt.* 5 *peist.* 125 *salut.* 116 *sut.* 117 *tut.* *R. Sv.* 12 *peist.* *S. Thom.* 4195 u. 4203 *beist.* 3320 *chastit.* 102 *crit.* 1337 *deprit.* 1592 *desirt.* 1446 *jurt.* 60 *ment.* 140 u. 4523 *maint.* 1575 *plurt.* 2999 *rapelt.* 4212 *refust*[2]. *Chron.* 6764 *adeist.* 25541 *agret.* 31295 *desagret.* 10179 *alit.* I 103 *alumt.* 18238 *aseurt.* 2844 *asopleit.* 11271 *aveit.* 6770 *baist.* 33570 *bet.* 7334 *ceilt* (ebenso

---

[1]) So nach der Collation von Meister (Michel: *enluminet*).

[2]) *S. Thom.* 3188—9: *Un vus deit bien mustrer ke ne fasciez tel fet . . . Et que cil nel compere qui rien n'i a forfet, Et porte la colee de ço qu'aultre ad mesfet.* Diese Stelle ist jedenfalls zu emendiren. Ein Conj. *compert* wäre wohl zulässig, nicht aber *port*, da dann dem Verse eine Silbe fehlen würde; man hat daher die 3. pl. einzuführen, und sowohl mit Bekker 34b, 24 zu lesen: *Et que cil nel comperent qui rien n'i unt forfet,* als auch darauf: *Et portent la colee de ço qu'aultre unt mesfet.*

13167. 34891). 20928 u. 27107 *chastit.* 11425 *crit.* I 422 *demuert.* I 1663 *demort* (ebenso 3190. 19409. 25782.) 36742 *desleit.* 21183 u. 24448 *durt.* 21827 *enpirt.* 21597 *entraint.* 2805 *enveit* (ebenso 29412. 30564. 38728.). 2843 *renveit.* 3620 u. 5978 *esfreit.* 21554 *esmait* (ebenso 28436. 28824). 22128 *espit.* 20462 u. 28170 *essait.* 10180 *fit.* 18239 *afit.* 23139 *guerreit.* 18239 *jurt.* 36742 *parjurt.* 36932 *lot.* 16536 *maint.* 12930 *meint* (ebenso 25778. 39284). 5219 u. 6469 *ameint.* 14138 *ost.* 10094 *ottreit* (ebenso 17499. 19330. 39827). 17616 *pait.* 39651 *apait.* 6322 *peceit.* I 1608 *penst* (ebenso 30674. 41838). 15637 *peint.* 6763 *peist* (ebenso 15244. 18063. 19314. 35956. 39618). 3297 u. 29939 *plort.* 4445 u. 28208 *rait.* 40278 *repairt.* 20438 *seignort.* *Troie* 9093 *abandont.* 25175 u. 26327 *ameint.* 7744 *remaint.* 1307 *aresont.* 13501 u. 28626 *best.* 15913 *conpert.* 8402 *despuit.* 4654 *ennuit* (ebenso 5410 u. 8401). 20720 *enort.* 3416 u. 28972 *envoit.* 22758 *esfreit.* 4830 u. 19845 *esmait.* 4014 *lot* (ebenso 18383. 20663). 16850 *mestreit.* 13473 u. 16817 *oublit.* 22 u. 14695 *entroblit.* 8953 *ost* (ebenso 12905 u. 24544). 21762 u. 28848 *otreit.* 1295 *parolt* (ebenso 1307. 6600. 13225. 14041. 16969. 18007. 19696). 8720 u. 28172 *paint.* 9488 *(en) peint.* 3993 *penst.* 9323 *peist* (ebenso 10219. 12567. 18598. 22207. 26068). 9057 *repeist.* 4830 *plort* (ebenso 10141. 18606). 29911 *rait.* 20003 *remut.* 21987 *restort.* 7073 u. 15283 *viet.* *Erec* 1818 *baist.* 1259 *ennuit* (ebenso 2531. 2544. 3279. 3976. 4125. 5405). 1396 *lait.* 526 *moint.* 158 *amaint.* 712 u. 2650 *ameint.* 525 *amoint.* 1917 u. 3622 *ost.* 5678 *parolt.* 576 *poist* (ebenso 3292. 4002. 4277. 5407. 5587.) *Alisc.* 8164 *envoit.* 169 u. 8092 *ost.* 2844 *otroit.* 101 *penst* (ebenso 5197. 5377). 3088 u. 3572 *poist.* *Ant.* I 21 u. 170 *envoit.* I 67 *maint.* II 25 *ramaint.* I 9 *ost.* I 5 *otroit* (ebenso I 7. II 88). I 80 *penst* (ebenso I 260. II 63. 131. 146). II 298 *plort.* I 207 *poist* (ebenso II 32. 55. 242. 283). *Ch. Lyon* 5669 *adoist.* 2561 *apialt.* 605 *convoit.* 3760 *enuit.* 2962 *froit.* 6598 *jurt.* 1654 u. 4365 *lot.* 4916 *maint.*[1]) 1342 *demaint.* 6095 *sormaint.* 342 *ost* (ebenso 1637. 1852. 3860.) 585 *poist* (ebenso 3333. 4029. 5555. 5698). 5021 *salut.* *Girb.* 472, 16 u. 474, 13 *envoit.* 543, 25 *panst* (Hschr. *pant*). 510, 22 *ramaint.*

---

[1]) So ist auch 2646 und 3033 *en maint* statt *enmaint* zu lesen, da das Afrz. ein Verbum *enmener* nicht kennt, insofern die Partikel vom Verb durch andre Worte getrennt oder demselben nachgesetzt werden kann. Vgl. Tobler, Gött. gel. Anz. 1874 p. 1037 ff.

13. Jahrhundert.

Villeh. 20 *otroit.* *Gayd.* 4410 *anuit.* 115 *demort.* 5843 *envoit.* 3990 u. 7228 *maint.* 9786 *ramaint.* 686 u. 733 *ost.* 3059 *otroit.* 10361 *parolt.* 3476 *penst* (ebenso 3580. 3691. 7232). 449 *poist* (ebenso 740. 1835. 3491. 9986). 3531 *prist.* 304 *sont.* *Viane* 143. 144 *envoit.* 45 u. 64 *poist.*[1]) *A. Aml.* 2539 *baist.* 1324 *envoit.* 3249 *ost.* 2182 u. 2187 *otroit.* 3289 *panst.* 620 *poist* (ebenso 2433. 3326). *J. Blv.* 239 u. 1750 *envoit.* 519 *fint.* 1265 *maint.* 2852 u. 3837 *plort.* *M. Frc.* I 86 *ennoit.* II 411 *enveit.* I 442 *guerreit.* I 112 u. II 392 *maint.* I 498 *amaint* (ebenso I 514. 522). I 560 *ramaint.* I 164 *marit.* I 494 u. II 402 *otreit.* II 389 *parolt.* I 234 *plort.*

Diesen aus den bis in die ersten Decennien des 13. Jahrh. reichenden Denkmälern entlehnten Belegen sind einige Besonderheiten hinzuzufügen.

Wie bei der 1. ps., nehmen auch hier wieder der O. Ps., C. Ps., die Rois, und ebenso Job, in ihrer Zeit eine Sonderstellung ein, insofern in ihnen, namentlich in Job, bereits bei weitem überwiegend Formen mit parag. e auftreten:[2])

O. Ps. *δ*, 18 *embrive.* 129, 6 u. 130, 5 *espeire.* 150, 5 *loed* (vgl. *η*, 10 u. 15 *lot*). *π*, 6 *profite.* *C. Ps.* 113, 22 *ajustet.* 68, 18 *curunet.* 34, 6 *debutet.* 19, 2 *enveie.* 120, 8 *guardet.* 84, 9 *habitet* (vgl. 68, 28 *habit*). 29, 14 *loet* (vgl. *η*, 10 u. 16 *lout*). 84, 8 *parolet.* 93, 13 *re-pouset.* 32, 19 *vivifiet.* *Rois* 19 *agravented.* 215 *ajusted.* 157 *amo-nested.* 228 *cumpered, cumpere.* 95 *gette.*[3]) 261 *habited.* 157 *haite, dehaite.* 226 *magnefied.* 79 *osted.* 86 *ported.* *Job.* 320, 22 *aimet.* 368, 13 *amendet.* 302, 3 *apresset.* 309, 32 u. 368, 10 *rapresset.* 368, 11 *ateiret.* 365, 31 *cesset.* 323, 17 *desiret.* 357, 39 u. 41 *despoiret.* 325, 41 *dotet.* 301, 12 *ellievet* (ebenso 307, 39. 326, 18). 304, 41 *enpiret.* 333, 15 *esploitet.* 358, 12 *fiet.* 359, 27 *forsennet.* 301, 13 *forvoiet.* 306, 23 *guardet.* 311, 4 u. 318, 25 *ostet.* 339, 4 u. 368, 8 *passet.* 358, 15 *penset.* 361, 15 *rapenset.* 316, 39 *poiset.* 335, 5 *repairet.*

---

[1]) Das Metrum erfordert 67 *poise* in *poist* — und 50 *passe* in *past* — zu ändern.

[2]) Dass das auslautende *t* (*d*) hier nur noch etymologisches Zeichen, also nicht mehr lautbar ist, geht (abgesehen von dem bestrittenen Umstande, dass es bereits in dem früheren Rol. vor vocalischem Anlaut bald apocopirt werden muss, bald nicht — vgl. H. Freund l. c. p. 9—18) klar genug daraus hervor, dass es jetzt, namentlich in O. Ps. u. Rois, schon oft nicht mehr geschrieben wird, wie ja auch Rol. schon mehrfach Formen ohne finales *t* aufweist. Vgl. Diez, Altrom. Sprachd. p. 17. — Foerster ist also im Irrthum, wenn er in der Anm. zu Rich. li Biaus v. 1540 meint, dass derartige Conj. auf *et* ausser in Eul. überhaupt nicht existirten. Vgl. auch unt. p. 399. 406. 407. 408 und 410 die Conjunctive aus O. Ps., C. Ps., Brand., Rois, Job u. S. Bern. — [3]) So ist *engette* zu trennen in *en gette.*

Wenn wir im *Rol.* lesen

519: *Deus, se lui plaist, à bien le vus mercie*

so müssen wir diese Form wohl mit Trautman l. c. p. 11 als eine durch die Assonanz herbeigeführte Licenz ansehen. S. die Note zu diesem V.

Alisc. 2350: *N'i a celui n'en baisse le menton*

zeigt eine Form, die nach p. 383 A. 1 sehr wohl Ind. sein kann.

Alisc. 6700: *Qui que le prise, ja par moi n'ert loez.*

Dass *prise* der Conj. sei, steht nicht sicher, da das Afrz. in solchen Wendungen auch wohl bisweilen den Ind. gebraucht, vorzugsweise allerdings nur bei bereits vollendeter Handlung (vgl. Mätzner Synt. I 134. Gramm. 348), z. B.

Cump. 3404: *Quels que unkes l'ans fut (out).* *Rois* 52: *quel part qu'il se tournout.* *Rou* 30 u. 248: *quel part que il aloent.* 124: *Alge quel part qu'il volt.* 1519: *ki que volt, si gaaigne.* 4423: *De sun mestier se deit ki que puet avancier.* *Chron.* 27840: *Mais ce veit l'om, que qu'il desert, Qui tot covite que tot pert.* *Troie* 18236: *Qui que velt en mal le retraie!* 27336: *Quel part ques velt mener Fortune.* *Erec* 5: *Sor co fait bien qui son estuide Atorne à bien, quels qui il est.* *N. Frc.* 273: *Qui qu'en eut joie.* *Froiss.* II 58: *quel trettié que nous faisons.*

Auch hier werden wir also mindestens berechtigt sein, *prise* als Ind. anzusehen.

Brand. 224: *L(i) abes dunc les amonestet Que curages unc ne cesset*

mag, abgesehen von dem ungenauen Reim, durch das Versmass hervorgerufen sein, wenn wir nicht etwa diese Form mit denen aus O. Ps., Rois u. Job gleichstellen wollen.

Brand. 226: *E n'i ait nul qui s'esmaie*

dürfte nach p. 383, A. 1 Ind. sein.

Ogier 10788: *Que par no gent n'en arés ja aïe Qu'il ne vus prengne voiant nos tos et lie* — und

ib. 12579: *Et li fuiant n'i a celui ne crie* (:*mie* etc.)

werden wohl ihr unorganisches *e* der Assonanz verdanken; *crie* darf sogar nach p. 383 A. 1 als Ind. angesehen werden, ebenso die Form *bee* in

Rou 1680: *N'i a riche barun qu'à cele paiz ne bee.*

und *raie* in

Troie 22611: *N'i a broine . . . Par où li sans ne raie à fil.*

Gleichfalls dem Ind. dürfen wir folgende Formen aus Ant. zuschreiben:

Ant. I 107: *N'i a nul Sarrasin qui durement ne crie.* I 192:

Et chaitis et chaitives n'i a celui ne crie. I 235: *Il n'i a un tout seul qui ce plait desotrie.* I 272: *N'i a nul ne s'escrie.*

Gayd. 10183 *eschape.* 7945 *repaire.* 2211 *sonne.*

Diese drei Formen, sämmtlich von *ains que* abhängig, die zweite ausserdem von der Assonanz beeinflusst, können wir nach p. 383 A. 2 dem Ind. zuweisen; dagegen werden wir wiederum berechtigt sein, folgende Formen als lediglich durch den Assonanzreim hervorgerufen anzusehen:

Gayd. 7813 *aïe.* 4785 *detrie.* 7205 *souzgloute.*

Das erste und dritte dieser Beispiele könnten aber auch nach p. 383 A. 1 resp. p. 381 A. 1 als Ind. betrachtet werden.

Gayd. 36: *Je ne truis fame en toute ma contree, . . . qui me plaise n'agree*

mag auf dem Assonanzreim *ee* beruhen, während

ib. 16: *Que il n'y ait nul si riche escuier, S'il a ce fait, qu'il ne compeire chier*

und ib. 163: *N'i remaint home . . . Que ça n'envoie venir et assembler* nach p. 383 A. 1 Ind. sein dürften. — So bleiben als wirkliche Conjunctive aus Gayd. nur übrig:

1091 *cope* und 3151 *crie,*

mit Bezug auf welche wohl das Anwendung finden darf, was ob. p. 381 zu *Alisc.* 2935 bemerkt worden ist.

Ogièr 3949: *Et chil l'assallent qui male cors cravente!* ib. 9035: *Ahi, Ogier! Dame Dex te cravente! Viane* 181: *Mais Sarrazin, que le cors Deu cravante, Les departirent, que il ne la pot panre.*

Die in allen Nationalepen so häufig vorkommende Verwünschung *Deus te cravent!*, die der Dichter wegen ihrer allgemeinen Geläufigkeit innerhalb des Verses sicherlich nicht angetastet haben würde (vgl. unt. p. 411 ff.), beweist deutlich, dass hier nur der Assonanz zu Liebe ein *e* angefügt wurde.

Wir haben also bis jetzt gesehen, wie, gewisse Einflüsse der Assonanz abgerechnet, und abgesehen von den isolirt stehenden O. Ps., C. Ps., Rois und Job, die regelrechten Formen auf *t* mindestens bis in den Anfang des 13. Jahrh. gewahrt werden. Aber wohl noch vor der Mitte dieses Zeitraums muss sich eine Einwirkung der Conjunktivformen andrer Conjg. geltend gemacht haben, da wir von dieser Zeit an so überwiegend Formen von Verben der 1. schw. Conjg. mit parag. *e* finden, dass sich dieselben kaum mehr, wenigstens nur in den seltensten Fällen, auf die eben an einzelnen Beispielen aus früheren Jahrzehnten gezeigte Art und Weise erklären lassen dürften. — Die alten, den Auslautsgesetzen gemässen Formen auf blosses *t* erhalten sich naturgemäss neben denen mit unorganischem *e* noch lange Zeit; mit dem Anfang des 14. Jahrh. scheinen sie jedoch allmählich an Ausdehnung zu verlieren, um schliesslich am Ende desselben — abgesehen von bestimmten, unten p. 411 ff. besprochenen Ausnahmen — denen mit parag. *e* die unumschränkte Herrschaft zu überlassen.[1])

Ich gebe zunächst weitere Belege für die älteren Formen aus dem 13. Jahrh.:

N. Frc. 97 *anuit.* 167 *deprit.* 253 *oblit.* *A. Amr.* 1808 *emploit.* 1922 *jut.* 257 *maint.* 1866 *ost.* 13 u. 1202 *otroit.* 1875 *poist.* 352 und 363 *proit.* *R. Amr.* 88 *otroit.* *Rose* 3084 *foloit.* 2754 *oblit.* *S. Bern* 568[u] *desirt.* 547[u] *penst.* *Adam* 73 *anuit* (ebenso 88. 89). 66 *maint.* 79 *ouvlit.* 89 *poist.* *Bod.* 162 und 202 *anuit.* 177 *aourt.* 179 *crit.* 164 *maint.* 191 u. 203 *ramaint.* 186 *pait.* 186 *poist.* *Cleom.* 3224 *anuit* (ebenso 7973. 12556. 12687. 12962). 5942 *avoit.* 15293 u. 15300 *envoit.* 495 *esmait* (ebenso 2267. 4641. 5028. 7087). 2461 *essait.* 4996 u. 11701 *maint.* 10800 *amaint.* 18640 u. 18675 *otroit.* 3584 *parolt.* 12030 *salut.*

14. Jahrhundert.

Joinv. 427 u. 613 *envoit.* *H. Cap.* 75, 21 u. 111, 24 *anoit.* 17, 10 *otroit* (ebenso 38, 24. 39, 22. 111, 27. 203, 13. 206, 27. 242, 17). *Mir.* 521 *convoit.* 238 u. 252 *envoit.* 297 *renvoit.* 222 *ennuit* (ebenso 376. 474. 642. 657). 371 und 399 *maint.* 399 *amaint.* 371 *ramaint* (ebenso 372. 399. 645). 448 *ottroit* (ebenso 487. 497. 616. 624. 647). *T. Ldr.* 70 *envoit.*

Mehrerer dieser Stellen gehören sicher unter die p. 411 ff. zu behandelnden Ausnahmen. — Weitere Belege s. unter No. 2 p. 401 ff.

Formen mit parag. *e*:

13. Jahrhundert.

N. Frc. 214 *maine.* *A. Amr.* 20 *agree.* 263 *convoie.* 189 *empriesse.* 2196 *escoute.* 1922 *gabe.* 378 *ose.* 1920 *poise.* 2046 *prise.* 1805 *proie.* *R. Amr.* 299 *remire.* *Rose* 3310 *convoite.* 11 *cuide.* 2720 *encuse.* 2719 *muse.* 2724 *ose.* 2926 *oste.* 417 *pense.* *S. Bern.* 536[u] *ateiret.* 532[o] *dotet.*[2]) *Adam* 73 *demeure.* 83 *envoise.* 114 *escape.*

---

[1]) Das *t* der 3. sg. Praes. Conj. der 1. schw. Cjg. bleibt also viel länger haften, als in den oben p. 378, A. 3 angegebenen Temporibus und Modis.

[2]) Ueber das finale *t* vgl. p. 396 A. 2. — *S. Bern.* 553[o]: *O nobles Rois . . . cum longement sofferas tu c'um te tignet et c'um t'apeist fil de feyvre?* Nach dem lat. Original (*S. Bernardi Opera omnia.* Paris 1690. I 799): *Quamdiu, no-*

91 *flame.* 115 *porte.* 90 *recane.* 122 *souhaide.* *Rut.* 145 *porte.* *Bod.* 186 *escape.* *Vr. An.* 136 *compere.*[1]) 268 *cose.* *Cleom.* 18536 *aye.* 2506 *bee.* 8563 *commande.* 15394 *demeure.* 7592 *detrie.* 2844 *eschape.* 12962 *grieve.* 12961 *lieve.* 12208 *mercie.* 4991 u. 12031 *oublie.* 16557 *paie.* 12236 *poise.* 10777 *prise* (ebenso 17878. 18518).[2])

14. Jahrhundert.

Joinv. 628 *aime.* 42 *amende.* 750 *apetise.* 689 *courousse.* 677 *demeure.* 28 u. 479 *dure.* 706 *greve.* 707 *lieve.* 217 *tire.* 709 *use.* *H. Cap.* 53, 6 *aloie.* 53, 2 *anoye* (ebenso 90, 22. 234, 2). 104, 1 *argue.* 187, 18. 20 *demeure.* 221, 9 *espeuse.* 103, 27 *esvertue.* 185, 11 *festie.* 62, 26 u. 227, 18 *laisse.* 199, 7 *larmie.* 91, 19 *otroie.* 132, 2 *passe.* 140, 8 *prie.* 53, 16 *renoie.* 160, 22 *tue.* *Mir.* 397 *abesse.* 476 *acore.* 337 u. 366 *acquitte.* 341 *adresse.* 288 *aime.* 290 *amaine.* 387 *admaine.* 319 *avoie.* 245 u. 397 *cesse.* 248 *chastie.* 288 *claime.* 386 *commande.* 350 *demande.* 556 u. 651 *compere.* 467 u. 490 *demeure.* 507 *divise.* 243 *doubte* (ebenso 267. 306. 368. 608. 625). 353 *empire.* 342 *enterre.* 432 *envoie.* 268 *eschappe* (ebenso 275. 354. 471). 580 *esgare.* 245 *fine* (ebenso 390. 438). 480 u. 642 *garde.* 504 *regarde.* 611 *gouverne.* 405 *habonde.* 532 *hape.* 267 *lie.* 272 *deslie.* 336 *lieve.* 621 *marie.* 465 *monte.* 666 *surmonte.* 229 *ose.* 261 *paine* (ebenso 262. 387. 599). 367 *passe* (ebenso 499. 510. 560. 666). 495 *porte*[3]). 361 *procede.* 405 u. 601 *sanne.* 376 u. 508 *souppe.* 290 u. 382 *tarde.* 281 *use.* 621 *varie.* 471 *vuide.*

Ausser dem oben p. 399 citirten Beispiel *envoit,* welches dem Zusammenhange nach (*Mal mirer lui envoit Dieux*) wohl auch zu den unten p. 411 ff. besprochnen besonderen Fällen gehört, begegnen in T. Ldr. nur noch Formen auf *e*, das sich nun nicht mehr verdrängen lässt.[4])

---

bilis Rex, . . . fabri filium te pateris appellari pariter et putari? dürfte das unverständliche *apeist* in *apelet* zu verändern sein.

[1]) Tobler bemerkt in der Anm. irrthümlich: „man erwartete den Conjunctiv *compert.*"

[2]) Wenn Andresen l. c. p. 57 meint, dass Cleom. im Innern des Verses kaum „Fehlerhaftes" enthalte, so dürften mehrere von obigen Beispielen als Gegenbeweis dienen.

[3]) aus *emporte* abzutrennen.

[4]) Hiernach ist die Anm. von Foerster zu *Rich. li Biaus* 1740, wo *avoie* nicht als Conj. gelten gelassen wird, zu berichtigen. — *Orl.* 61: *Priant à Dieu . . . Qu'il vous envoit . . . Autant de bien que j'ay de desplaisance. ib.* 161: *je pry à Dieu . . . Qu'il vous octroit houneur et longue vie.* Diese alten Conjunctiv-

2. Wie bei der 1. sg., so erleidet auch hier der Auslaut des Stammes, insofern er ein Consonant ist, in Formen ohne parag. *e* vor dem antretenden flexivischen *t* mancherlei orthographische und sprachliche Veränderungen oder selbst Ausfall.

1) Der auslautende Consonant wird umgestaltet.

a) Doppelconsonanz wird vereinfacht (vgl. *conoist*, aber *conoissons*):

O. Ps. 56, 2 *trespast* (ebenso 89, 6. *δ*, 19). *C. Ps.* 140, 5 *engraist* (*impinguet*). *δ*, 19 *trespast*. *Ogier* 2622 *past*. *Rois* 127 *cest*. 262 *trespast*. *S. Thom.* 4595 *past*. 3249 *trespast*. 4714 *purchast*. *Chron.* 6678 u. 13012 *abaist*. 2805 *amast*. I 1784 *past* (ebenso II 786. 3883. 16812. 37024. 39539). 2806 *trespast* (ebenso 28540. 31291. 35841). 10027 *porchast* (ebenso 17044. 26258). 6322 *quast*. *Troie* 27454 *abest*. 8968 *past*. *Erec* 6 *entrelest*. *Alisc.* 4169 u. 6600 *past*. *Ant.* II 175 *past*. *Ch. Lyon* 6443 *relest*. 2085 *past*. *Girb.* 475, 17 *paist*. *Gayd.* 3593 *past*. *J. Blv.* 299 *dechast*. 2827 *past*. *M. Frc.* II 324 *past*. *N. Frc.* 295 *cast*. *A. Amr.* 2057 u. 2060 *past*. 2061 *quast*. *S. Bern.* 540° *engrast*[1]). *Adam* 84 *trespast*. *Cleom.* 8083 *entrelaist*.

Für das einfache *laist* seien hier nur einige Stellen citirt:

Eul. 28.[2]) *Ogier* 1415. *Job* 325, 19. *Rou* 2581. *Rou Chr.* 42. *S. Thom.* 1264. *Chron.* 4720. *Troie* 738. *Erec* 197. *Alisc.* 2699. *Ant.* I 178. *Ch. Lyon* 2235. *A. Aml.* 352. *J. Blv.* 189. *M. Frc.* I 76. *N. Frc.* 119. *Joinv.* 610. *H. Cap.* 215, 6.[3])

b) Ein den Stamm schliessendes *l* kann bei vorangehendem Vocal vor dem *t* der Endung zu *u* vocalisirt werden. Hierher gehören folgende Formen:

Chron. II 608 u. 7756 *parout*. 10735 *deparout*.

Wohl nur selten fiel selbst dieses *l* ganz aus:

Ogier 8718: *Et l'a de Diu mult forment conjuré C'à lui parot . . . Deus mos ou trois.*

Unter gleichzeitiger Diphthongirung von *e* zu *ea*, *ia* sind gebildet:

rapeaut: *Chron.* 17576.

---

formen dürften durch den häufigen Gebrauch jener Verba in optativischen Hauptsätzen (vgl. p. 411 ff.) hervorgerufen und daher in einem der frühesten poetischen Denkmäler des Nfrz. wohl zu entschuldigen sein.

[1]) von *engrassier;* der lat. Text (l. c. I 778) hat *impinguare*.

[2]) Wenn wir hier *laist* neben 6 *raneiet* — und ebenso 10 *amast* neben 27 *auuisset* — finden, so offenbart sich hierin ein Schwanken, welches sich daraus erklärt, dass die franz. Sprache in jener Zeit noch nicht vollkommen durchgebildet war.

[3]) *R. Amr.* 624 möchte ich *loist* in *laist* corrigiren, wodurch die ganze Stelle einen passenderen Sinn erhält und die in der Anm. vorgeschlagene wenig vortheilhafte Aenderung hinfällig wird.

apiaut: *Ch. Lyon* 2502 u. 4607. *M. Frc.* II 308. *Rut.* 144. *Bod.* 163.

c) Endet der Stamm auf *m*, so wird dies vor *t* in späteren Zeiten nasal und dann meist durch *n* ersetzt, ohne dass sich jedoch ein Unterschied in dem Gebrauche zwischen *m* und *n* erkennen liesse.[1])

Rol. 1522 *claimt*. *Chron.* I 206 *aimt* (ebenso 2500: *remaint*. 7946. 9436. 13092. 13204. 13732: *plaint*. 15895. 20780: *teint*. 22905. 24196). 18218 *claimt*. *Troie* 5409 u. 13264 *aimt*. *Gayd.* 7219 u. 7771 *claimt*. *M. Frc.* I 432 u. II 443 *eimt*. II 816 *recleimt*.

Aber claint: *Chron.* 34055 u. 36784. *Ch. Lyon* 6305. — aint: *Troie* 17756 und 27693. *Ch. Lyon* 2491. *Gayd.* 4120 und 7720. *M. Frc.* I 90 und 526. II 94. *A. Amr.* 114. 138. 352. 1892. 2046. *R. Amr.* 266. *Rose* 4623. *Mir.* 311.

2) Der auslautende Consonant fällt aus.

a) Ist derselbe eine Dentalis, so wird diese, um nicht zwei Laute zusammenzustellen, die in der Aussprache doch nur als ein Laut gehört werden können, vor dem *t* ausgestossen (vgl. *vent*, aber *vendons*).[2]) — Norm. Denkmäler lassen auch hier meist bei stammschliessendem *d* das flex. *t* in *d* übergehen. Es gehören hierher besonders folgende Formen[3]):

aït: Einige Beispiele s. unten p. 412.

ament: *S. Thom.* 2780. *Troie* 22453. *Gayd.* 3151. *A. Amr.* 2160. *Rose* 4272. *Cleom.* 15162. *H. Cap.* 233, 1. *Mir.* 406.

chant: *Rol.* 1474. *O. Ps.* 29, 15. *C. Ps.* 65, 3. *Ogier* 7950. *S. Thom.* 1539. *Chron.* 31314. *Alisc.* 5420. *Ant.* I 196. *Gayd.* 8334.

confort, reconfort: *O. Ps.* 118, 76. *S. Thom.* 138. *Ch. Lyon* 2791. *M. Frc.* I 380. *Rose* 4665. *Cleom.* 2266. *Mir.* 358.

cost: *Ch. Lyon* 5416. *Viane* 136. *Adam* 61. *Mir.* 282.

cravent: *Rol.* 1430. *Ogier* 9092. *Ant.* II 170. *Gayd.* 2578. *J. Blv.* 1607. *H. Cap.* 113, 21.

gart: Einige Beisp. s. unten p. 412.[4])

---

[1]) Andresen l. c. p. 61 hat eine Menge Beispiele zusammengestellt, aus denen hervorgeht, dass auslautendes *n* im Falle der Nasalirung ebenfalls beliebter gewesen zu sein scheint.

[2]) Man könnte jedoch auch der Ansicht sein, dass die stammauslautende Dentalis nicht ausfalle, sondern in dem flexivischen *t* aufgehe — was das Richtigere ist, dürfte sich kaum entscheiden lassen.

[3]) Ich führe aus jedem Werke nur eine Stelle an, da es hierbei zwecklos sein würde, sie sämmtlich zu citiren.

[4]) Die im burgund. Dialect geschriebenen *Mor. in Job* scheinen sich den norm. Werken angeschlossen zu haben, insofern sie 357, 41 *gard* und 368, 9 *esgard* mit finalem *d* zeigen.

get, giet: *Rol.* 2545. *Ogier* 6351. *Mir.* 560. *J. Blv.* 2241. *A. Amr.* 629. *Bod.* 187. *Mir.* 254.

mant, commant, demant: *Rol.* 1482. *Rou* 2553. *S. Thom.* 1783. *Chron.* 17227. *Troie* 2867. *Alisc.* 2699. *Ant.* I 114. *Ch. Lyon* 123. *Viane* 15. *J. Blv.* 2426. *M. Frc.* II 85. *Rose* 2341. *Cleom.* 3126. *Mir.* 236.

port, aport, report: *S. Alex.* 111e. *Rol.* 2687. *O. Ps.* 40, 3. *Brand.* 1012. *Ogier* 1268. *Rois* 79. *Rou* 1003. *Chron.* I 1464. *Troie* 852. *Erec* 1162. *Ch. Lyon* 1345.[1] *Gayd.* 135. *J. Blv.* 299. *A. Amr.* 2337. *Rose* 2877.[1] *Bod.* 187.[1] *P. Br.* 214. *Cleom.* 9206.

vant: *Rol.* 3974. *Chron.* 9384. *Troie* 5182. *Alisc.* 2693. *Ant.* I 240. *Gayd.* 5278. *Viane* 76.

Man merke ferner[2]):

S. Alex. 125c *achat.* *Rol.* 1836 *dement.* 2517 *desment.* 1433 *espaent.* 3805 *graant.* 228 *munt.* 411 *tint.* *O. Ps.* 113, 23 *ajust.* 68, 30 *habit.* 84, 10 *enhabit.* *C. Ps.* 68, 28 *habit.* 67, 32 *hast.* 72, 28 *recunt.* *Cump.* 2055 *cunt.* *Brand.* 384 *tart.* *Ogier* 5979 *acort.* 6990 u. 10379 *prest.* *S. Nich.* 1395 *heit.* 494 *ost.* *Rois* 336 *descort.* *Rou* 1715 *deserit.* *S. Thom.* 5475 *espoent.* 945 *graant.* 2948 *hast.* *Chron.* 32309 *achat.* 20432 u. 39651 *acort.* 5937 *arest.* 33571 *bot.* 7557 *cont.* 24209 *coveit.* 20463 u. 31026 *deserit.* 13179 u. 31629 *dot.* 8259 *esgart.* 2530 *gait.* 28541 *hast.* 29781 *munt.* 7156 *ost* (ebenso 8997. 34442 statt des das Versmass störenden *oste*). 28516 *prest.* I 1210 u. 13993 *quid* (*cuidier*). 19670 u. 25520 *quit* (*cuidier*). 36556 *quit* (*quitter*). 17616 *aquit.* 3190 *tart.* 26328 *torment.* *Troie* 17745 *arest.* 3718 u. 5412 *coveit.* 10971 *escolt.* 10419 *esgart.* 22930 *espleit.* 22488 *hait.* 10896 *dehait* (ebenso 11832. 19846). 3333 *hast.* 27310 *ost.* 9279 *quit.* 5774 *redot.* 17675 *tart.* *Erec* 3858 *dot.* 253 *prest.* 3741 *regart.* *Ch. Lyon* 77 u. 5429 *cuit.* 2323 *mont.* 2949 u. 5044 *ost.* *Gayd.* 508 *liet.* *A. Aml.* 1802 *prest.* *J. Blv.* 360 *goust.* *M. Frc.* I 86 *quit.* II 313 *recort.* *Rose* 2734 *tart.* *Bod.* 187 *acat.* 190 *aquit.* 189 *acort.*

b) Ein stammschliessendes *v* würde in Verbindung mit dem folgenden flexivischen *t* eine nur schwer aussprechbare Consonantengruppe ergeben, weshalb es in der Regel ausgestossen wird (vgl. *sert*, aber *servons*); so in

---

[1]) *port* aus *anport* abzulösen.

[2]) *Troie* 22962 *chante.* 24907 *conte.* 3494 *reconte.* 4951 *monte* sind, da ein vocalisch anlautendes Wort folgt, durch Streichung des *e* leicht zu bessern.

griet von grever: *Chron.* II 1926. *Troie* 17113. *Erec* 3170. 5402. 6003. *Ch. Lyon* 148. 1616. 4444. 4591. 5542. 6425. 6614. *A. Amr.* 1022. 1524. *Rose* 1156. 2326. 2693. 3055. 3197. 4660.

criet von crever: *A. Amr.* 2330.

let, liet von lever: *Chron.* 6558. 6578. 29835. *Troie* 21544.

reliet: *Troie* 10780. 17190.

Dasselbe Verfahren beobachtete man bei der Verbindung *lv*, deren *l* nach Ausstossung des *v* bei vorangehendem Vocal vocalisirt werden konnte (vgl. *resout*, aber *resolvons* — s. hier p. 401); so

salt oder sault von salver[1]), z. B. *Ogier* 3381. 9392. 9394. 9471. *R. Sv.* 12. *S. Thom.* 1858. *Chron.* 18366. *Troie* 7902. 18096. *Erec* 2801. 5887. 6327. 6329. *Alisc.* 3626. *Ant.* I 90. II 281. *Ch. Lyon* 5044. *Girb* 502, 25. *Gayd.* 180. *Viane* 34. *A. Aml.* 2484. *M. Frc.* II 290. *A. Amr.* 91. *Rose* 2940. *Bod.* 165.

c) Endet der Stamm auf *p*, so wird dasselbe vor flexivischem *t* zwar mehrfach beibehalten, z. B.

eschapt: *Rois* 228. *Chron.* 5628. 13719. 17008. 27167;

in der Regel jedoch syncopirt, z. B.

eschat: *Chron.* 16267. 29120. *Troie* 21892. 25896.

(*Ogier* 2767 ist *escap* in *escapt* oder *escat* zu emendiren.)

Ueber den Ausfall von *l* in der Verbindung *lst* s. unter 3., über *rm, rn* unter B. 1) p. 406.

3. In manchen Conjunctivformen tritt, ohne dass ein Grund ersichtlich wäre — selbst das Bestreben nach Wohlklang kann hier nicht von Einfluss gewesen sein, da sich die betreffenden Verbindungen ohne *s* mindestens ebenso leicht aussprechen lassen — ein *s* zwischen den Auslaut des Stammes, sei dieser nun ein Vocal oder ein Consonant, und das flexivische *t*:

Ogier 3654 *envoist* (von *envoier* — ebenso 9083. 9457). *Ant.* I 5 *envoist.* *R. Amr.* 621 *envoist.* *S. Bern.* 559° *comanst.* 563^{m} *redemanst.* 526^{m} *cuist* (ebenso 557^{m}. 560^{m}). 569^{u} *desirst.* 538^{u} *esploist*[2]). 538^{m} u. 547^{u} *eswarst.* 567^{m} *preist* (*preier*). *Mir.* 347 *deprist* (*deprier*)[3]).

---

[1]) *O. Ps.* 118, 173. *C. Ps.* 17, 42. 21, 8. 108, 32 und *Rois* 14 begegnet dagegen bereits die Form *salved*(*-et*). Vgl. hierzu, was über diese Werke p. 396 gesagt ist. — Der Conj. *salve* in *Ogier* 3720 u. 7221 muss als poetische Licenz angesehen werden.

[2]) Die Stelle lautet: *ke li meys de la bone conversation . . . ne devignet sas, anz esploist en la permanant verdor.* Dem entspricht im lat. Text (l. c. I 778): *ut . . . bonae conversationis hortus non arescat, sed in perpetua viriditate proficiat.* Es ist also wohl an *esploier* zu denken.

[3]) Man kann Diez nicht beistimmen, wenn er Gramm. II 233 behauptet, die

Hierher gehört auch *aïst,* von dem weiter unten p. 412 einige Beispiele folgen werden.[1]) — Ebenso darf die Form *gaainst* von *gaaignier* (*Ogier* 3233. 6373) hierzu gerechnet werden, wenn man dieselbe als aus *gaaint* (vgl. B. 4) b. — p. 410) entstanden ansieht.

Endet der Stamm auf *l,* so dass in diesem Falle die Verbindung *lst* entstehen würde, so wird meist *l* syncopirt, das unorganische *s* dagegen beibehalten — ein Vorgang, der wohl durch ein ähnliches Verfahren mit der Perfectform *volst* von *voloir,* wofür häufig das durch Ausfall des *l* entstandne *vost* begegnet (Burg. II 96), herbeigeführt sein mag.[2])

Ch. Lyon 3784 *afost.* 4361 *parost.* *S. Bern.* 556ᵅ *parost.*

B. Der Stamm endet auf eine Consonantenverbindung, welche im Verein mit dem flexivischen *t* ohne einen dazwischen tretenden Vocal gar nicht oder nur schwer aussprechbar wäre.

Auch hier sehen wir, wie bei der 1. und 2. sg., schon seit den frühesten Zeiten *e* als vermittelnden Vocal angewandt; dann konnte sich aber, ausser in den ältesten Denkmälern, auslautendes *t* nicht mehr er-

---

Verbindungen *dt, gt* und *vt* könnten durch *st* vertreten werden, z. B. in *comanst* von *comander, ravist* von *raviver* etc. Wie wollte er dann Formen wie *envoist* von *envoier, desirst* von *desirer* erklären, deren *s* in dem zu Grunde liegenden Etymon kein Buchstabe entspricht? Dass dagegen die Verbindungen *cht, çt* in *st* übergehen, kann nicht verwundern, da sich *ch, ç* und *s* als Zischlaute nahestehen. Diez spricht übrigens selbst II 236 A. von jener „bekannten Einmischung des *s*" — worunter ich mit Delius, Jahrb. IX 226 nur ein unorganisches, durch Nichts begründetes Eindringen desselben verstehen kann — in *doinst* aus ursprünglichem *doint,* wobei er auf p. 233 verweist. — Ich betrachte daher Formen wie *comanst, ravist* nicht als solche, deren *d* resp. *v* in *s* verwandelt wurde, sondern sehe dieses *s* ebenso als unorganisch an wie in *desirst* etc., bemerke jedoch, dass sich Formen wie die letztgenannte vor dem 13. Jahrh. nur spärlich finden dürften, wobei ich von der schon vor jener Zeit mehrfach begegnenden Form *envoist* absehe, die vielleicht nur in Angleichung an die 3. sg. Praes. Conj. von *envoisier* gebildet ist.

[1]) N. de Wailly l. c. p. 527 verkennt völlig die Natur dieses *s,* wenn er meint, *aïst* setze als 1. sg. *aïsse* voraus, weil — wie er *Bibl. de l'Ecole des Chartes* 1868 p. 380 A. 1. hinzufügt — der 3. sg. *truist* als 1. sg. *truisse* entspreche!

Cump. 2443: *Li setmes, quant qu'il tarst Es treis nones de marz Nus vendrat senz engans Le dederain des anz.* Die in den Hschr. S, L und C enthaltene Form *tarz* ist allerdings als Conj. von *tarder* undenkbar (ebenso wenig wie das handschriftliche *truiz* statt *truist Rou* 2774); aber auch durch *tarst* würde ein genauer Reim auf *marz* nicht erzielt werden, so dass man gewiss ebenso wohl das in L ursprünglich stehende und erst in *tarz* corrigirte *tart* beibehalten darf.

[2]) Auch hier wäre es unmöglich, einen directen Uebergang des *l* in das ihm so fern stehende *s* anzunehmen.

halten, und wo wir es später noch finden, ist es als stumm anzusehen (vgl. p. 396 A. 2)[1]. Es gehören hierher:

1) *muta* — oder *s* — *cum liqu.*:

O. Ps. 118, 169 *aprismet.* 36, 16 *entret.* 78, 11 *entred* (ebenso 87, 2. 118, 170. ε, 25). 103, 17 *halegre.* 40, 2 *livret.* 21, 8 *delivret* (ebenso 32, 19. 49, 23. 70, 13). *C. Ps.* 36, 15 u. 78, 12 *entret.* 87, 2 *entre.*[2] 21, 8 *delivret* (ebenso 32, 19. 49, 22. 70, 11). *Brand.* 60 u. 503 *mustret.* *Rois* 62 u. 198 *entre.* 112 *entred.* 260 *semble.* 35 *resemble* (ebenso 84. 145). *Job* 340, 10 u. 368, 14 *atempret.* 301, 5 *enflet.* 306, 24 *mostret.* 351, 20 u. 364, 35 *semblet.* 308, 17 *tremblet.* *Rou* 3661 *blasme.* *Chron.* 12630 *blasme.* 33571 *chaple.* 15651 *membre.* *Troie* 24970 *blasme.* 28278 *livre.* 22546 *navre.* *Girb.* 459, 29 *remanbre.* *Gayd.* 1461 *entre.* 10116 *ramembre.* *Viane* 65 u. 79 *mambre.* 31 *remembre.* *N. Frc.* 5 und 6 *delivre.* *Bod.* 179 *emble.* *Cleom.* 74 *delivre.* *Joinv.* 189 *entre.* *H. Cap.* 227, 4 *entre.* 88, 11 *livre.* 184, 16 *delivre.* *Mir.* 443 *livre* (ebenso 592. 643). 227 *delivre* (ebenso 254 u. 592). 490 u. 635 *membre.* 266 *tremble.*[3]

In den Rois begegnet zwei Mal (106 und 410[4]) die sonst nicht weiter vorkommende Form *deliurt*, in welcher ausnahmsweise, um das den Auslautsgesetzen entsprechende *t* anfügen zu können, das dem *r* vorangehende *v* vocalisirt wurde.[5]

In der Verbindung *rm, rn* wurde — ausser im Norm., welches diese Gruppen, wie im Auslaut, so auch hier vor flexivischem *t* unverändert bestehen lassen konnte — das *n* abgeworfen, worauf *t* ohne

---

[1] Diez II 232: „Die 3. sg. des Conj. lässt ihr flexivisches *e* . . . jedesmal fallen (?), wo die Lautgesetze es erlauben."

[2] So ist wohl auch ε, 24 *intret* (= *ingrediatur*) statt *intrent* zu lesen.

[3] *Rol.* 1546 fordert für *blasme* das Metrum *blasmt* mit stummem *s* oder *blast*, s. Müllers Anm. u. Gött. gel. Anz. 1872 p. 668. — *R. Amr.* 425 ist wohl *meslie* in *mesle* zu bessern, was auch das Versmass verlangt. — *S. Bern.* 528m: *nen est mies digne chose ke li creeres de purteit entreit en teil lieu.* Dieses *entreit*, wahrscheinlich hervorgerufen durch das *ei* in dem vorangehenden *purteit* und dem folgenden *teil*, dürfte nur auf einer Nachlässigkeit des Schreibers beruhen und in *entret* zu emendiren sein, wie der 566u stehende Ind. *trespesseit* in *Bartsch, Chrestm. de l'anc. franç.* 1872 p. 194, 16 richtig in *trespesset* corrigirt ist.

[4] Diese letztere Stelle ist verderbt und dürfte vielleicht so zu lesen und zu interpungiren sein: *Pensés que il deliurt la cited e vus del grant rei des Assiriens? mar en orrez de ço vostre rei.*

[5] Als *u*, und nicht als *v*, ist in diesem Falle sicherlich das *u* der Hschr. zu betrachten, da eine Form *delivrt* undenkbar wäre — vorausgesetzt, dass die Hschr. wirklich ein *t* am Ende hat.

Weiteres antrat (vgl. p. 385). Es gehören hierher namentlich die Formen

tort — atort — destort — retort:

Chron. II 1339. 3189. 12119. 12194. 19408. 20700. 25783. 28540. 29329. 30660. *Troie* 2322. 3141. 7736. 9908. 13233. 16975. 18300. 19489. 19933. 21909. 22384. 22448. 27754. 27142 *ratort*. *Erec* 48. 1224. 1340. 1427. 1760. 2275. 5251. 5466. 6500. *Alisc.* 2279. 6218. 6863. *Ch. Lyon* 747. 1301. 2082. 4413. 4414. 4621. 5241. *Gayd.* 3097. 5901. *A. Aml.* 770. 2298. *M. Frc.* I 52. 248. 434. 442. 522. *Bod.* 170. 195. *Cleom.* 3152. 3285. 6430. *Mir.* 366. 489. 563.[1])

Dagegen normannisch:

a) *Rois* 227 *cunfermt*. 376 *turnt*. 284 *returnt* (ebenso 326. 336). *S. Thom.* 1033 *confermt*.

b) turt — aturt — returt:

Rois 19. 183.[2]) 230. *Rou* 452. 859. *S. Thom.* 595. 1574. 3200. 4240.

confert: *O. Ps.* 19, 4. — sujurt: *Rou* 451. *M. Frc.* I 550.

Um die Mitte des 13. Jahrh. begann man aber auch hier, unter Beibehaltung des *n*, ein euphonisches *e* anzufügen[3]):

M. Frc. I 104 *aturne.*[4]) *H. Cap* 65, 4 *tourne*. *Mir.* 465 *arme*. 664 *retourne*. *T. Ldr.* 39 *tourne.*[5])

Nach Art von *muta c. liqu.* scheinen auch die Verbindungen *rv* und *sv* in späterer Zeit behandelt worden zu sein:

Rois 85 *desved*. — *Rut.* 151 *enerve*.

---

[1]) *Viane* 125 ist *atorn* in *atort* zu emendiren.

[2]) aus *enturt* abzulösen.

[3]) Foerster hätte also in der Anm. zu Rich. li Biaus 1361 *entourne* als Conj. anerkennen müssen. Auch der in der A. zu v. 1540 verworfne Conj. *arme* kann sehr wohl stehen bleiben; nur hat man dann, damit der Vers das richtige Maass erlange, das finale *e*, obwohl ein vocalisch anlautendes Wort folgt, als Silbe gelten zu lassen (über diese dichterische Freiheit vgl. C. Hofmann zu *J. Blv.* 1223 und Mall, *Cump.* 32 ff.) oder, falls sich diese Eigenthümlichkeit in Rich. li Biaus sonst nicht findet, etwa nach Foerter's Vorschlag am Anfang des Verses *Que* zu ergänzen.

[4]) M. Frc. hat hier, wie mehrfach in ihren Gedichten, von der A. 3 angedeuteten poetischen Licenz Gebrauch gemacht.

[5]) *S. Thom.* 4720: *Quel parz que li venz turne* ist gewiss nach Bekker 60b, 10 in *turnt* zu emendiren, falls man nicht *turne* als Ind. ansehen will (vgl. p. 397 zu *Alisc.* 6700). — Ebenso muss wohl auch *O. Ps.* 103, 17 *conferme* in *confermt* verändert werden. — Wie mit *turne* in *S. Thom.* 4720 verhält es sich mit *Ogier* 7498: *Quel part qu'il torne.*

2) *ch* oder palat. *g*: [1])

O. Ps. 68, 19 *plunget.* *C. Ps.* 67, 24 *chalchet.* *Brand.* 135 *target.* *Rois* 6 *change.* 263 *pecchet.* *Job* 331, 17 *manget.* 357, 39 *pechet.* 328, 14 *purget.* *Troie* 29152 *estache.* 20534 u. 24589 *trenche.* 21392 *venche.* 23727 *venge.* *Ant.* I 228 *broche.* I 36 *couche.* *Rose* 3045 *touche.* *Adam* 92 *commenche.* *Bod.* 207 *escorche.* *Cleom.* 14076 *touche.* *Joinv.* 26 *touche.* 613 *venge.* *Mir.* 287 *assouage.* 659 *depesche.* 558 *runge.* 393 u. 463 *touche.* *T. Ldr.* 87 *touche.*

An einer Stelle des O. Ps. ist palat. *g* ähnlich wie assib. *c* (s. u.) behandelt, insofern der Euphonie halber dafür *s* eintrat, welchem alsdann *t* unmittelbar folgen konnte:

ζ, 51: *je regueredurrai à els en tens, que esculurst* (*C. Ps.* irrthümlich *cururst*) *li piez d'icels.* (Vgl. das handschriftliche *juz* in *Rol.* 3831 als 1. sg. Praes. Ind. von *juger.*)

Hiermit würde die Form *tarst* (*Chron.* 26224. 35522), die man wohl zu dem Verbum *targier* stellen darf, auf gleicher Stufe stehen (vgl. p. 405, A. 1).

Wie bei der 1. sg. (vgl. p. 385), so wurde auch hier bisweilen die aus lat. *eam, iam* vorzugsweise im norm. Dialect hervorgegangne Endung *ge* in Denkmälern desselben Dialects auf die 1. schw. Conjg. übertragen:

Rois 183 *demurge.* 224 *parolge.*

Ging hierbei der Stamm auf *rn* aus, so wurde auch hier *n* vor *ge* meist ausgestossen:

Chron. 18182 u. 38960 *torge.*

In ähnlicher Weise ist wohl analog zu dem picard. Conj. *meche* neben *mete* (vgl. p. 385) gleichfalls im Picardischen — jedoch kaum anders als dem Reime zu Liebe — die Conjunctivform *porche* von *porter* gebildet: [2])

Adam 91. *Bod.* 191.

3) assib. *c.* Hier wurde in zweierlei Weise verfahren:

a) *c* blieb als solches erhalten und nahm dann ein euphonisches *e* hinter sich.

C. Ps. 67, 1 *esdrecet.* 19, 2 *esforce.* *Ogier* 8523 *manace.* *Rois* 79 *esraced.* *Job* 329, 2 u. 366, 24 *comencet.* *Chron.* 18168 *chace.* 41182 *manace.* *J. Blv.* 1079 *chace.* *N. frc.* 18 *courouce.* *A. Amr.* 1960 *embrace.* *R. Amr.* 24 *pece.* *Cleom.* 5204 *blece.* *Joinv.* 625 *despiesce.* *Mir.* 362 u. 477 *avance.* 254 *dennonce.* 339 *depiece.* 311 *efface.*

---

[1]) Für letzteres hat Knauer, Jahrb. XII 160 das Richtige vermuthet.

[2]) Vgl. Andresen l. c. p. 21.

Man beachte folgende Stelle:

S. Bern. 567[m]: *Cil mismes ki ester vuelt ancor,*[1]) *ne lacet il mies la voie, sel covient il totevoies chaor.*

Dieses *lacet* dürfte zu dem Verbum *laier* gehören, welches wohl deutschen Ursprungs ist, und nach Analogie zu dem Conj. *hace* von dem gleichfalls dem Deutschen entlehnten *haïr* gebildet sein (vgl. Tobler, Gött. gel. Anz. 1872 p. 893 unt.).

b) Aeltere Denkmäler verwandelten bisweilen *c* aus Gründen des Wohllauts in *z* oder *s* und liessen dann flexivisches *t* folgen:

Rol. 2109 *chevalzt* (**caballicet*). 2682 *culzt* (*collocet*). *O. Ps.* 2, 12 *curuist.* 108, 10 *escerst* (**excircet*). 67, 1 *esdrest.* 47, 10 *esledest* (ebenso 85, 10. 103, 16. 104, 3. 149, 2). *C. Ps.* 2, 12 *curruzt.* 108, 12 *escerst.* 47, 12 *esleest.* 103, 15 u. 104, 3 *esleezst*(!). η, 10 u. 16 *souressalzt. Cump.* 2303 *cumenst.*[2]) *Ogier* 12710 *piest. Rois* 268 *cumenzst*(!). 99 *curuzt. Chron.* 32173 *enforst.* 17951 *escorst.* 5619 *lanst. Troie* 22546 *perst. S. Bern.* 570° *encommenst.* 528° u. 548° *enforst.*[3])

Aeusserst selten kommt es vor, dass dieses *s*(*z*) sogar ausfiel, indem man dasselbe wahrscheinlich irrthümlich mit dem ob. p. 404 besprochnen, eingeschobenen *s* identificirte.

O. Ps. η, 10 u. 15: *lot* (*laudet*) *le, e sur tute rien l'eshalt es siecles. Troie* 11993: *Polimenis tant poi n'adeise Que d'une lance nel trespert Issi que l'ame del cors pert. Ch. Lyon* 6598: *N'a en cesmont home ne fame, Cui il servist*[4]) *mien esciant, Tant que il le jurt et fiant, Qu'il fera tote sa puissance* etc.

Etwas Aehnliches liegt in folgender Stelle vor:

Alisc. 6490: *Rois en seras, ains que cout li solaus* (vgl. *Rol.* 2682 *culzt*).

---

[1]) Dies Komma ist hinzuzufügen, da das Folgende ein Conditionalsatz in Frageform ist, entsprechend dem lat. Text: *non quidem relinquens Ordinem* (l. c. I 1156).

[2]) Die Stelle lautet nach Mall's Emendation: *S'el* (sc. *la lunatiun*) *cumenst en jenvier E el fint en fevrier, Nen iert pas de jenvier, Ainz serrat de fevrier.* — Hschr. C hat: *cumenced*; L: *comencet.* Der Conj. *cumenst* scheint mir hier, wenn er auch sonst nach *si* stehen darf, etwas gezwungen oder doch mindestens nicht nöthig; da nun erwiesenermassen im Cump. zwei Mal vor vocalischem Anlaut Apocope des auslautenden *t*(*d*) und somit Elision des vorangehenden *e* stattfindet (Mall p. 21), so dürfte sie wohl auch ein drittes Mal zulässig sein, wonach wir also lesen könnten: *S'el cumence en jenvier.*

[3]) *S. Thom.* 3225 ist jedenfalls statt des sinnlosen *detresce n'ocie* mit Bekker 35, 30 *depiest ne ocie* zu lesen, wenn man nicht etwa *detresce* in *detrenche* corrigiren will.

[4]) So ist wohl mit der Vatic. Hschr. statt *siuest* zu lesen.

4) mouill. *n*. Auch hier war eine zweifache Gestaltung möglich:

a) Unter Beibehaltung des mouillirten Lautes musste ein euphonisches *e* hinzugefügt werden:

Eul. 26 *degnet.*[1]) *Rois* 58 *regne* (ebenso 188. 223. 235). *Alisc.* 7513 *daigne. Ant.* I 191 *ensaigne. J. Blv.* 1084 *espargne. M. Frc.* I 66 *tesmegne. Vr. An.* 427 *resoigne. Cleom.* 18541 *ensaigne.* 8484 *soigne. H. Cap.* 40, 19 *waigne. Mir.* 404 *eslongne* (ebenso 470 u. 629). 321 *espargne* (ebenso 433. 465. 471).

Wie bei der 1. sg., so sieht man auch hier diese Endung *gne*, von lat. Conj. auf *eam, iam* hergenommen, auf Verben der 1. schw. Conjg. übertragen (vgl. p. 386).

Ant. I 67: *A l'evesque del Pui comande qu'il les maigne.* ib. *Diex les maint et ramaigne. Girb.* 537, 16: *Riguaus parlai au marichant Landri, Qu'il li amoingne les auferrans de pris. S. Bern.* 532°: *Jhesu-Crist neist, moignet joye cil . . . cuy li conscience des pechiez jugievet colpaule de permenant dampnation.*

b) Geht dem mouill. *n* ein Diphthong voran, dessen zweites Element *i* ist (*ai, ei, oi, ui*), so konnte der mouillirte Laut in reines *n* oder in einen Nasalvocal verwandelt und diesem flexivisches *t* angehängt werden (vgl. *peint*, aber *peignons*):

S. Alex. 63b *enseint.*[2]) *Brand.* 129 *enseint. Chron.* II 1841 *deint. Troie* 6080 *aconpaint.* 25483 *enseint.* 8401 u. 22602 *gaaint.* 9234 *meheint.* 22546 *saint. Ant.* I 193 *ensaint. Ch. Lyon* 1028 *anpoint.* 5307 *gaaint. Cleom.* 10000 *mehaint. Mir.* 309 *saint.*

Analog hierzu ist sogar *Chron.* 36849 *engint* von *engignier* gebildet.

5) mouill. *l*, welches wiederum zwei Arten der Behandlung gestattete:

a) Anfügung eines *e* unter Beibehaltung des mouillirten Lautes.

Job 355, 28 u. 366, 25 *apareilhet. Chron.* I 1305 *esveille. Gayd.* 6074 *baille. N. frc.* 24 *esvelle. R. Amr.* 255 *travaille. Rose* 2866 *essille. Joinv.* 523 *baille. Mir.* 648 *esveille.* 628 *traveille. T. Ldr.* 95 *conseille.*

b) Man verwandelte den mouillirten Laut in einfaches *l*, dem man nun, entweder unmittelbar oder nach Vocalisirung desselben zu *u*, das flexivische *t* ungehindert folgen lassen konnte (vgl. *faut*, aber *faillons*).

Rol. 571 *merveilt. O. Ps.* 120, 3 *sumeilt* — ebenso *C. Ps. Cump.*

---

[1]) Ueber das auslautende *t* s. zu 6 *raneiet* p. 393.

[2]) Man vgl. hierzu die richtige Bem. von G. Paris, Alex. p. 122 n. 4.

272 u. 1826 *esveilt*. 271 *merveilt* (ebenso 1073. 1825).[1] *R. Sv.* 17 *baut* (*baillier*).[2] *Chron.* 29413 *baut*. 20031 *muilt*. 23469 *travaut*. *Troie* 4973 *apparelt*. 19993 *balt*. *Bod.* 198 *travaut*. *Cleom.* 4881 *veut* (*veillier*). *Mir.* 238 *conseult*.[3])

In der Verbindung *elt* (von Verben auf *eiller*) fand häufig ausser der Vocalisirung des *l* zu *u* auch eine Diphthongirung des vorangehenden *e* zu *ia* statt; die sich so ergebende Lautgruppe *iaut* vereinfachte man aber in der Regel durch Abwerfung des *i* zu *aut*:[4])

Ogier 343 *aparaut*. 12222 u. 12442 *consaut*. *Gayd.* 4940 u. 10289 *consaut*. *N. frc.* 155 *aparaut*. *Adam* 166 *consaut*. *Cleom.* 13771 u. 18553 *consaut*.

II. Wie wir oben p. 398 sahen, treten mindestens schon um die Mitte des 13. Jahrh. zahlreich Formen mit parag. *e* auf, welche allmählich die regelrechten Formen auf *t* immer mehr verdrängen, bis sie gegen das Ende der afrz. Periode allein herrschend sind.

Dennoch aber giebt es gewisse Verba der 1. schw. Conjg., deren 3. sg. Praes. Conj. ihr ursprüngliches *t* selbst bis in den Anfang der nfrz. Zeit nicht fallen gelassen hat: solche Verba nämlich, welche in allgemein geläufigen, beständig wiederkehrenden Verbindungen gebraucht wurden, wozu vor Allem die seit alter Zeit gebräuchlichsten Ausrufe, Betheuerungen und Schwüre gehören, in denen man von Gott, einem Heiligen oder auch einem personificirten Wesen Schutz, Beistand, Segen oder Fluch auf sich selbst oder eine andere Person herabflehte; z. B. *Dieus m'en gart! Mahon vous gart! Si m'aït saint Thomas! Si m'aïst sainte Foiz!* etc.

---

[1]) Man fasse in allen diesen Formen das *i* nicht etwa als Bezeichnung des mouillirten Lautes — dann könnte niemals *t* folgen — sondern als mit dem vorangehenden *e* einen Diphthong bildend auf; dazu zwingt schon der Umstand, dass *Rol.* 571 *merveilt* in einer Tirade steht, deren Assonanzvocal reines *ei* ist, sowie der allerdings ungenaue Reim in Cump. 1073 *merveilt* : *poeit*. — Diese zweite Art der Behandlung des mouill. *l* ist jedenfalls in der ältesten Zeit die gewöhnlichste gewesen; immerhin könnte man aber Cump. 271, 72 und 1825, 26 — indem man sich an die gleichfalls noch dem 12. Jahrh. angehörige Hschr. L hält — auch *merveillet* : *esveillet* lesen.

[2]) *S. Thom.* 1655: *Or la bat à un autre, ço lui unt conseillé* ist, da *l* unmöglich ausfallen kann, in *balt* oder *baut* zu ändern, wenn man nicht mit Bekker 8b, 15 *baille* lesen will. — Ebenso hat man wohl *Chron.* 15670 *apareit* und *Erec* 6343 *apareil* in *apareilt* oder *aparelt* zu emendiren.

[3]) Das *l* ist hier jedenfalls nur etymologisches Zeichen, da es bereits durch das vorangehende *u* vertreten wird.

[4]) Man vgl. dasselbe Verfahren an Formen wie *solaus, consaus, vermaus* — den Nominativen zu *soleil, conseil, vermeil*.

Derartige mit dem Leben und Treiben der Menschen aufs Innigste verwachsene, stereotyp gewordne Wendungen wagte man nicht bald einer Aenderung zu unterwerfen, die zu derselben Zeit an denselben Verben in anderen Verbindungen ungehindert vollzogen wurde.[1])

Die in Rede stehenden Verben — besonders *garder, aidier, donner* und *pardonner* — verhalten sich aber mit Bezug auf diesen Punct etwas verschieden, insofern nicht von allen die regelrechte Conjunctivform in solchen Wendungen gleich lange Zeit im Gebrauche blieb: *gart* z. B. findet sich — seiner häufigeren Anwendung gemäss — mehrfach noch im 17. Jahrh., während *aït* wohl schon am Anfang des 16. Jahrh. der späteren Form *aide* gewichen ist.[2])

gart (gard):

O. Ps. 120, 7. 8. *Cump.* 17. *Ogier* 2742. *Rou* 2157. *Chron.* 14038. *Troie* 11623. *Erec.* 4043. *Alisc.* 3626. *Ant.* II 62. *Ch. Lyon* 5017. *Girb.* 502, 25. *Villeh.* 92. *Gayd.* 2741. *Viane* 25. *A. Aml.* 3302. *J. Blv.* 1012. *N. frc.* 265. *Rose* 1323. *Adam* 103. *Rut.* 141. *Bod.* 165. *P. Br.* 212. *Cleom.* 34. *Joinv.* 204. *H. Cap.* 17, 24. *Mir.* 338. *J. Paris* 36. *P. Pat.* 509. 1072. *Vill.* 174. *Cl. Mar.* I 10. 146. 159 (2 Mal). 160. 227. 236 (3 M.). 238 (6 M.). 239 (6 M.). 240 (2 M.). 284. II 57. 176. 185. III 23. 26 (3 M.). 55 (4 M.). IV 20. *Men.* 249.

So finden wir noch bei Molière Amph. II 3: *Dieu te gard!* Femm. sav. II 2: *Dieu vous gard!* — Ein Beispiel aus La Fontaine und selbst noch eins aus Voltaire giebt Weigand: Traité de versif. franç. Bromberg 1871 p. 256 A. 2.[3])

Cl. Mar. hat sogar zwei Mal (III 63 u. 65) die Wendung *le diable m'emport* — ein Verbum, das in früheren Zeiten wohl selten in derartiger Verwünschung angewandt würde.

aïst, aït (aid)[4]):

---

[1]) Vgl. Knauer, Jahrb. XII 160 A.

[2]) Bei der nun folgenden Reihe von Beispielen wird es überflüssig sein, aus den älteren Denkmälern sämmtliche Stellen anzuführen; dagegen soll dies mit Bezug auf die dem Nfrz. angehörenden Werke geschehen. — Belege für *donner* und *pardonner* s. unter diesen Verben.

[3]) Eine Folge der falschen Behandlungsweise des Conj. Praes. von Verben auf *er* bei Burg. I 237—8 — welche bereits von Foerster in der Anm. zu Rich. li Biaus v. 1540 eine gerechte Kritik erfahren hat — ist es, wenn Burguy die I 344 drei Mal citirte Form *gart* als Conj. von *garir* ansieht, welches letztere niemals eine derartige Conjunctivform gehabt hat.

[4]) Ueber die Bildung der ersten Form s. p. 405 ob., über die der zweiten unter *aider*.

Rol. 1865. *Ogier* 160. *Rou* 1711. *R. Sv.* 12. *S. Thom.* 2979 *Erec* 1203. *Alisc.* 509. *Ant.* I 98. *Ch. Lyon* 3622. *Girb.* 457, 27. *Gayd.* 1084. *Viane* 5. *A. Aml.* 1424. *J. Blv.* 45. *M. Frc.* II 322. *N. frc.* 6. *A. Amr.* 497. *Rose* 1015. *Adam* 75. *Bod.* 183. *Cleom.* 7739. *Joinv.* 433. *H. Cap.* 52, 15. *Mir.* 243. *T. Ldr.* 152. *J. Mar.* 17. 22. 31. 62. 75. *P. Pat.* 56. 93. 102. 116. 142. 279. 817. 920. 1110. 1405. 1485. 1489. *Vill.* 26. 107.

Dass gerade die oben besprochnen Wendungen es sind, welche ein längeres Bestehen der alten Conjunctivformen veranlassen, erhellt am Deutlichsten daraus, dass, sobald aus einem andern Grunde der Conj. der genannten Verba erforderlich ist, in Werken, die bereits der nfrz. Periode angehören, durchgängig die Form mit parag. *e* eintritt, z. B.

Froiss. II 370: *dirés à Aimmeri que . . . . bien se garde que de son les il n'i ait fraude ne traison.* *J. Mar.* 129: *garde son honneur qui vouldra.* *Cl. Mar.* I 257: *Dieu . . . Soit en ta voye . . . à celle fin . . . Que tout d'un train te garde corps et ame.* I 275: *Il n'est possible qu'il s'en garde.* *Men.* 217: *s'il est bien là, qu'il s'y tienne, et se garde de la beste.*[1])

Es darf nicht befremden, wenn wir in der Zeit nach der Mitte des 13. Jahrh. in jenen Wendungen auch schon hin und wieder Conjunctive auf *e* finden, denn allmählich musste auch hier die alte, regelrechte Form der immer mehr um sich greifenden Umgestaltung der Sprache zum Opfer fallen; jedenfalls beweist die geringe Zahl solcher Fälle bis zum Ende des 16. Jahrh., wie schwer man sich in diesem Punkte zu einer Aenderung entschliessen konnte. So findet sich in den erwähnten Verbindungen schon

garde: *Cleom.* 14828. *H. Cap.* 89, 14. *Vill.* 52. 102.
aïe: *Froiss.* I 373. — ayde: *Vill.* 61.[2])

III. Noch sind einige eigenthümliche Conjunctivformen auf *eche, ece* zu besprechen, welche in einem zu dieser Untersuchung nicht weiter benutzten Werke vorkommen, nämlich in den *Réglemens sur les arts et métièrs de Paris, rédigés au XIII*[e] *siècle; ed. Depping. Paris 1837* (*Coll. des docum. inéd. I Sér.*).[3])

[1]) Die alte Form findet sich noch *Orl.* 325: *Et pry Dieu que toutes vous gart Et vous doint* (vgl. unter *donner*) *bons jours, ans et mois.* S. auch p. 400, A. 4.

[2]) Vgl. Giles du Guez (An introductorie for to lerne etc., ed. Génin p. 919 — Coll. des doc. inéd.): *God kepe = Dieu gart; God save = Dieu sauve* — aber daneben: *God kepe you from yvell and trouble = Dieu vous garde de mal et dencombrier.*

[3]) Auch die Kenntniss dieser Beispiele verdanke ich Herrn Prof. Tobler. Aehnliche Formen sollen ferner in ganz besonders grosser Zahl in folgendem, der

p. 32: *Nus ne puet estre regratiers de pain à Paris, c'est à savoir venderes de pain que autres* f*ourniece et guise* .... 35: *Se aucuns amaine à Paris par eaue oes ou fromages* ..., *ou aportache aucune des choses desus dites dedanz la vile de Paris* ... 170: *Nus pignieres ne puet ne ne doit rapareillier pigne viez en la maniere que il semblece pigne nuef.* 171: *Quiconques veut estre tabletier à Paris, estre le puet franchement,* ... *pour tant qu'il ovreche ou face ouvrer aus us et aus coustumes de Paris.* (In einer ähnlichen Wendung 219 *ouvrece*; 222 u. 299 *ouevrece*; 251 *euvrece*). 298: *Nus ne puet estre talemeliers à Paris,* ... *que il n'achatece le mestier du Roy.* 331: *Nus ne doit conduit de chose qu'il porteche à col.*

Hierher gehören auch die von Aug. Scheler, Jahrb. XIV 441 aus einem andern *Livre des mestiers* (*Dialogues français-flamands* etc., *ed. Michelant. Paris 1875*) citirten Conj. *acateche, bouteche, fouilleche, wagneche, geteche.*

Erwägt man, dass diese „Inchoativformen" — wie Scheler sie nennt — Werken angehören, von denen das erste viele picardische Formen enthält, das zweite wohl in rein picardischem Dialect geschrieben ist, so ist man zu der Annahme berechtigt, dass dieselben ihre Bildung einer Analogie zu dem picard. Conj. *meche* oder *mece* verdanken, dem ja auch anderweitig Conjunctive Praes. der 1. schw. Conjg. angeglichen werden (vgl. p. 385 u. 408), nur dass wir es hier mit einer noch auffälligeren, „inchoativen" Erweiterung zu thun haben, ähnlich wie bei den p. 392 ff. besprochnen Formen auf *oies, oit.*

Was *aportache* (35) betrifft, so dürfte diese Form entweder in Angleichung an *hache*, den picard. Conj. Praes. von *haïr* (vgl. p. 409) entstanden, oder — was wohl vorzuziehen ist — in Anbetracht dessen, dass sämmtliche übrige Formen auf *eche, ece* ausgehen, in *aporteche* zu emendiren sein. —

Ueber Formen der 3. sg. auf *oit* s. ob. p. 392.

Pluralis.

Ich muss zunächst einige allgemeine Bemerkungen über die 1. und 2. Pers. vorausschicken.

---

ersten Hälfte des 14. Jahrh. angehörenden und in der flandrischen Mundart geschriebnen Werke sich finden: *Roisin, franchises, lois et coutumes de la ville de Lille, ancien manuscrit p. p. Brun-Lavainne. Lille 1842.*

Es ist hier nicht der Ort, auf eine Erklärung der Indicativflexionen *ons* und *ez* einzugehen; so viel steht ohne Zweifel fest, dass die im Afrz. fast allein gebräuchlichen Conjunctivendungen *ons* und *ez*, die der Phonetik gemäss niemals aus den entsprechenden lat. Endungen *emus* und *etis* hätten hervorgehen können, lediglich den gleichlautenden Flexionen des Ind. entlehnt sind.

Dafür sprechen folgende Gründe:

1. Wie im Ind., so geht auch hier die 1. Pers. im Norm. auf *uns, um* aus. Das *o* der Conjunctivflexion *ons* muss also etymologisch ganz dasselbe wie das der gleichlautenden Indicativendung sein, da es sich sonst im Norm. nicht hätte als *u* gestalten können.

2. *ons* (norm. *uns, um*) und *ez, és* werden nicht blos im Ind. aller Conjg. verwandt, sondern dienen auch fast während der ganzen afrz. Periode zur Wiedergabe der verschiedenen latein. Conjunctivendungen sämmtlicher Conjugationen. — Es sei gestattet, aus afrz. Werken von Verben, die nicht der 1. schw. Conjg. angehören, nur einige solche Beispiele zu geben, in denen entschieden ein Conj. vorliegt:

1. ps. *Rol.* 45 u. 59 *perduns.* *S. Nich.* 1169 *seons.* *S. Thom.* 3030 *sivum.* *Villeh.* 16 u. 142 *creons.* *J. Blv.* 536 *randons.* *Mir.* 491 *prenons.*

2. ps. *S. Thom.* 3230 *metez.* *Cleom.* 9757 *combatés.* *Mir.* 274 *abatez.* 665 *mettez.*

Wenn wir, sobald im Lat. *eamus, iamus; eatis, iatis* zu Grunde liegt, schon in den älteren Denkmälern in der Regel *ions* (*iens, iuns*) und *iez* (*iés*) antreffen, so ist dies nur natürlich. Was aber aufs Entschiedenste für die Richtigkeit der hier zu beweisenden Behauptung spricht, ist der Umstand, dass sich auch in diesem Falle beinahe eben so oft Conjunctive auf *ons* (*uns, um*) und *ez* (*és*) finden; z. B.

1. ps. *Rol.* 1900 *departum.* *S. Thom.* 4087 *tenum.* *Mir.* 269 *venons.* 519 *ardons.*

2. ps. *Rois* 15 *servez.* *Gayd.* 7690 *partez.* *J. Blv.* 1808 *venez.* *Rose* 2054 *movez.* 4636 *savés.* *Mir.* 290 *venez.*

Facons und *facez* begegnen sehr häufig.

3. Der lat. Flexion *ētis* entspricht regelrecht frz. *oiz* (norm. *eiz*) im Futurum und Impf. Conj. aller Verba, im Praes. Ind. derer auf lat. *ēre,* und im Praes. Conj. derer auf lat. *are.* Ebenso selten aber, wie wir in den ersten drei Fällen — abgesehen etwa vom Fut. — *oiz* (norm. *eiz*) finden, ebenso gering ist verhältnissmässig auch die Zahl derjenigen Beispiele, welche einen Conj. Praes. der 1. schw. Conjg. mit der Endung *oiz* (norm. *eiz*) aufweisen — ein Beweis dafür, dass die

hier fast allein gebräuchliche Flexion *es* dem Ind. entnommen ist, dem dieselbe nach den Lautgesetzen mit Recht zukommt.

4. An Stelle der Indicativendung *es* kann im Afrz. in gewissen Fällen bei Verben der 1. schw. Conjg. *ies* treten; finden wir nun dies *ies* genau unter denselben Bedingungen auch im Conj. solcher Verba, so folgt hieraus wiederum, dass es nur die entlehnte Indicativendung sein kann, da dem Conj. *e*, nicht aber *a* — welches letztere allein in den betreffenden Fällen *ie* ergeben kann — zu Grunde liegt.

Erste Person Pluralis.

1. Die Endung der 1. pl. ist in der afrz. Periode, abgesehen von ganz vereinzelten Ausnahmen, durchaus *ons*, norm. *uns, um.*

11. Jahrhundert.

Rol. 226 *degetuns.* *O. Ps.* 105, 45 *gloriums.*

12. Jahrhundert.

C. Ps. 105, 47 *chantums.* *Rois* 352 *depreium.* 265 *gardum.* 165 *grevuns.* *Job* 367, 15 *amons.* 367, 15 u. 17 *correzons.* 364, 22 *demostrons.* 317, 9 *osons.* 326, 2 *pechons.* 349, 28 *reploions.* *Chron.* 21297 *assemblom.* II 289 *claimom.* *Troie* 5775 *dotons.* 16636 *lesson.* 7428 *retornon.* *Ant.* I 66 *afions.* II 190 *laissons.*

13. Jahrhundert.

J. Blv. 537 *presentons.* *Cleom.* 2568 *parlons.*

14. Jahrhundert.

Mir. 488 *baillons.* 629 *laissons.* 324 *livrons, delivrons.* 491 *menons.* 521 *noyons.* 467 *oston.* 594 *parlons.* 559 *portons.* 661 *retournons.* 373 *souppons.* 519 *tardons.* *T. Ldr.* 219 *louons.*

Ganz isolirt stehen nicht blos unter den Denkmälern des Jahrh., dem sie angehören, sondern überhaupt in der ganzen älteren Periode die Serm. de s. Bernard, insofern dieselben auch nicht eine einzige Conjunctivform auf *ons*, sondern nur solche auf *iens*, sowohl in der ersten schw., wie in allen übrigen Conjugationen,[1]) aufweisen.

Es ist also bereits hier ein Einfluss derjenigen Conjunctivformen sichtbar, die, weil auf lat. *eamus, iamus* beruhend, regelrecht auf *ions, iens* ausgehen (z. B. *morions*), von denen diese Endung zunächst auf Verba übertragen wurde, welchen nur *amus* zu Grunde liegt (z. B. *perdiens*), worauf sie endlich auch in die 1. schw. Conjg. überging.[2]) Auf-

[1]) 567[u] *corriens.* 544[u] *enseviens, mattiens.* 563[m] *oigniens* etc.

[2]) Da Diez (II 230—1) seine Paradigmen vorzugsweise Bernhard's Predigten entnommen hat, so ist es nicht zu verwundern, wenn er für die 1. pl. *iens* (und

fällig bleibt es aber, dass diese Flexion in der unmittelbar folgenden Zeit ohne jede Spur wieder verschwindet.

S. Bern. 535° *abreviens.* 556ª *coysiens.* 557° *encitiens.* 567ª *hastiens.* 539° *recovriens.* 557° *sorportiens.* 559° *wardiens.* 527° *eswardiens.* (Vgl. unt. p. 428 *atroviens*).

Nicht ganz so weit geht Joinv., aber auch dieses Werk nimmt eine Sonderstellung in der afrz. Literatur ein, insofern es zwar mehrfach Formen auf *ons*, daneben aber auch solche auf *iens* aufweist, welche letztere jedoch in den späteren Werken des 14. Jahrh. und — wie wir sehen werden — im Anfang der nfrz. Periode nicht mehr resp. noch nicht auftreten (vgl. N. de Wailly, l. c. p. 527). Auch hier nehmen die übrigen Conjugationen an dieser Endung Theil.[1])

Joinv. 698 *envoions.* 372 *gardons.* 319 *lessons.* — Aber 756 *doutiens.* 441 *mangiens.* 637 *ostiens.*

2. In den Denkmälern der neueren Zeit bleibt die alte Conjunctivendung *ons* anfangs noch etwa ein Jahrh. lang durchaus herrschend; erst mit dem Beginn des 16. Jahrh. erscheinen sowohl hier wie in den übrigen Conjugationen vereinzelt Formen auf *ions*, die dann, etwa um die Mitte dieses Zeitraums, die Endung *ons* ganz verdrängen.[2])

15. Jahrhundert.

Froiss.[3]) II 75 *chevaucons.* II 293 *envoions.* II 199 *reconfortons.* I 163 *renouvellons.* II 53 *rentrons.* *P. Pat.* 1290 *reboutons.* *Vill.* 22 *prions.*

16. Jahrhundert.

Cl. Mar.[4]) IV 111 *esperons.* I 185 *gardons.* I 189 *seellons.* — Aber III 80 *meritions.* *Men.*[5]) 199 *advisions.* 199 *demeurions.* 211 *regardions.* 289 *rangions.*[6])

3. Wie bei der 2. sg. (vgl. p. 389 ff.), so könnte man in gewissen Fällen auch hier — in der Zeit, wo die Endung *ons* sich findet — ein Uebergehen vom Conj. zum Imper. annehmen, z. B.

---

ebenso für die 2. pl. *tez*) als Endung aufstellt. — Auch Burg. (I 238), welcher meint, dass man im 13. Jahrh. das *i* dieser Flexion oft „auswarf", giebt als Belege für *iens* doch nur solche aus S. Bern.

[1]) 636 *metiens.* 754 *puissiens* — neben 756 *puissons.*

[2]) Vgl. Chabaneau l. c. p. 63, 64. G. Paris, Rom. IV 286—7.

[3]) I 31 *metons.* II 354 *morons.*

[4]) I 31 *perdons* — aber II 93 *sentions.* — Palsgrave (ed. Génin. Paris 1852 p. 88) giebt nur: *que nous parlions.*

[5]) 101 *mettions.* 127 *disions.*

[6]) Vgl. p. 420 A. 4.

N. frc. 125: *Je lo bien que nous louons une tres grant mason.*

Natürlich wird dies nicht immer möglich sein, wenn auch die regierenden Verba an sich eine solche Annahme gestatteten; die Möglichkeit einer derartigen Anakoluthie wird aber vorhanden sein in folgenden Stellen, deren untergeordneter Satz abhängt

a) von *prier*:

Troie 9619 *mostrons.* *Mir.* 515 *balons.* *Froiss.* I 323 *montons.* *P. Pat.* 1117 *baillons.*

b) von *loer, conseiller*:

Joinv. 204 *prions.* *Mir.* 364 *chantons.* 507 *envoions.* 390 *menons.* 326 *portons.* 559 *deportons.* 580 *retournons.* *J. Mar.* 36 *envoions.*

c) von *voloir*:

Mir. 415 *chantons.* 467 *oston.*

Auch folgendes Beispiel dürfte hierher gehören:

Job 333, 42: *Ja est hore ke nos nos levons del songe* (vgl. p. 391 Froiss. II 59).

Immerhin aber werden wir nicht gezwungen sein, diese Formen als Imper. anzuerkennen, da ja auch dem Conj. während der hier in Betracht kommenden Zeit die Endung *ons* gebührt.

Zweite Person Pluralis.

1. Der lat. Endung *ētis* würde frz. *oiz* (norm. *eiz*) entsprechen. Die wenigen Beispiele dafür — welche eben durch ihre geringe Zahl darthun, dass auch diese Flexion kaum in bewusster Weise genau nach den Lautgesetzen gebildet, sondern wohl wiederum nur der im Ind. bisweilen begegnenden, und dann ebenfalls unorganischen Endung *oiz* angeglichen ist — seien hier vorangestellt.

C. Ps. 47, 14 *recunteiz.* *Chron.* 13409 *aideiz.* 10198 *doteiz.* *Troie* 14969 *ameiz.* 1035 *demorreiz.* 1642 *penseiz.* *Erec* 168 *parloiz.*[1])

Unregelmässige Bildungen:

Chron. 18505 *apeaugeiz.* *Troie* 2671 u. 15232 *ailleiz.* 18681 *torgeiz.*

Weil von *einz que* abhängig, gehört

Ch. Lyon 6604 *entroiz*

nach p. 383 A. 2 vielleicht dem Ind. an.

Imperative könnten sein (vgl. p. 422 ff.):

---

[1]) Chrestiens Werke zeigen auch in anderen Fällen fast ausschliesslich *oiz* statt *ez* (vgl. Andresen l. c. p. 42, wo auch behauptet wird, dass *oiz* im Praes. Ind. und Conj. in den allermeisten Fällen lediglich durch die Assonanz oder den Reim hervorgerufen sei).

Chron. 13305 *laissciz.* *Troie* 3420 u. 25587 *gardeiz.*[1]) 21934 *leisseiz.* *Villeh.* 106 *commandoiz.* *N. frc.* 38 *doignoiz.* 62 *lassoiz* — und 53 *donoiz.*

2. Mit der Endung *ez, és* verhält es sich bezüglich ihrer Anwendung genau wie mit *ons*; sie ist bis zum Ende des 15. Jahrh. — abgesehen von den Fällen, wo auch der Ind. *iez, iés* hat — die allein gebräuchliche.

11. Jahrhundert.

Rol. 3538 *portez.* *O. Ps.* 47, 12 *recuntez.*

12. Jahrhundert.

Rois 72 *presentez.* *S. Thom.* 3010 *matez.* *Chron.* 16777 *clamez.* *Troie* 21965 *acordez.* 26234 *delivrez.* 26233 *gardez.* *Alisc.* 3592 *estranglés.* 5322 *encontrés,*

13. Jahrhundert.

Gayd. 627 *eschapez.* *J. Blv.* 3890 *demorez.* *M. Frc.* I 504 *parlés.* *N. frc.* 263 *amés.* 138 *sauvés.* *A. Amr.* 1277 *amés.* *Cleom.* 14835 *eschapez.*

14. Jahrhundert.

Joinv. 510 *copez.* 689 *gardez.* *H. Cap.* 90, 21 *amez.* 231, 10 *escapez.* 222, 12 u. 224, 2 *espousez.* *Mir.* 403 *amendez.* 390 *curez, procurez.* 553 *endurez.* 521 *entrez.* 579 *estoupez.* 437 *estrivez.* 260 *ostez.* 570 u. 668 *portez.* 632 *retournez.* 448 *sejournez.* 568 *sonnez.* 375 *suez.* *T. Ldr.* 5 *tournez.*

15. Jahrhundert.

Froiss.[2]) I 163 *ignorés.* *Orl.* 417 *envoiés.* 138 *reposez.* 192 *retournez.* *J. Paris*[3]) 37 *hastez.* 85 *monstrez.* *Vill.* 88 *cessez.* 125 *gardez.* 126 *laissez.* 207 u. 214 *payez.* 159 *supportez.* — Beisp. für *alez* s. unt. p. 425, für *donnez* und *pardonnez* p. 426. 427.

Auch hier nehmen, wie bei der 1. pl., S. Bern. und Joinv. eine gesonderte Stellung, und zwar in ähnlicher Weise wie dort, ein. Man darf dies wenigstens aus folgender geringer Zahl von Belegen entschiedner Conjunctivformen schliessen, die noch dazu anderen Conjugationen angehören:

S. Bern. 535[n] *soffriez.* *Joinv.* 627 *metez.* 387 *facez.* 92 *retenez* — aber 643 *metiez.* (Formen auf *ez* nach der 1. schw. Conjg. s. ob. unter 14. Jahrh.)

---

[1]) Auch *Troie* 19521 ist *gardez* wegen des Reimes auf *feiz* in *gardeiz* zu bessern.

[2]) I 207 *pourvées.* *J. Mar.* 121 *devez.*

[3]) 19 *despartez.* — 79: *Je vous prie ... que demeuriez* dürfte in dieser Zeit ziemlich vereinzelt dastehen (vgl. p. 420, A. 4).

3. Im Anfang des 16. Jahrh. ist bereits, beeinflusst durch das dem lat. *eatis, iatis* entsprechende *iez*, das vereinzelte Auftreten dieser Flexion auch in der 1. schw. Conjg. zu constatiren, welche dann etwa um die Mitte jenes Zeitraums die alleinherrschende wird.[1])

Cl. Mar.[2]) IV 65 *chantez*. IV 33 *delaissez*. IV 189 *fermez*. I 254 *jouez*. IV 30 *moderez*. — Aber IV 38 *demouriez*. IV 32 *entriez*. II 72 *rapportiez* (vgl. unt. p. 428 *esprouviez*). *Men.*[3]) 122 *apelliez*. 6 *colliez*.[4])

Wenn wir finden:

Men. 91: *il y aura danger que vous ne criez tous au meurtre après le sainct Père* —

so ist dies wohl ein verzeihlicher Fehler, da das stammhafte *i* leicht einen Ausfall des flexivischen *i* herbeiführen konnte, wenn wir nicht etwa — obwohl sonst in diesem Werke *il y a danger* durchaus den Conj. regiert[5]) — annehmen wollen, es sei der Ind. — eine Nachlässigkeit, wie sie sich in ähnlicher Weise in folgender Stelle offenbart:

124: *il requeroit que ledit sieur d'Angoulevent mit*[6]) *son dire par escrit.*

Jedenfalls wird dieses isolirt stehende Beispiel die Behauptung nicht erschüttern können, dass *iez* mindestens in der zweiten Hälfte des 16. Jahrh. bereits zur Alleinherrschaft gelangt ist.

4. Ganz in denselben Fällen, in denen im Ind. *iez* für *ez* im Afrz.[7]) eintritt, finden wir dies *iez* auch im Conj., obwohl *ie* in dieser Lautverbindung nur auf lat. betontes *a* in offner Silbe zurückgeführt werden kann.[8])

---

[1]) Vgl. Chabaneau l. c. p. 63, 64. G. Paris, Rom. IV 286—7.

[2]) II 19 *entendez*. IV 32 *tenez*. — Aber IV 23 *enqueriez*. I 94 *sentiez*. I 211 *suyviez*. I 163 *teniez*. — Palsgrave l. c. p. 88 giebt nur: *que vous parliez* (vgl. hier p. 417, A. 4).

[3]) 59 *attendiez*. 107 *deveniez*. 201 *preniez*. 59 *serviez*. 74 *soubmetiez*.

[4]) Es sei hier bemerkt, dass sich vielleicht bei der Lectüre einer grösseren Zahl von Werken aus dem 15. Jahrh. für die 1. u. 2. pl. sporadisch Formen auf *ions, iez* finden dürften (vgl. p. 419, A. 3); allgemeiner werden sich dieselben jedoch immer erst im Beginn des 16. Jahrh. zeigen.

[5]) 101 *mettions*. 107 *deveniez*.

[6]) An die neuere Form des Impf. Conj. ist hier noch nicht zu denken, da sich sonst durchweg in dieser Person noch *s* zeigt.

[7]) Es erscheint allerdings unter den gleich zu nennenden Bedingungen *ie* für *e* auch noch im ältesten Nfrz. in Fällen, wo die heutige Sprache dasselbe aufgegeben hat; so noch ziemlich oft in Orl., zu Villon's Zeit aber fast nur noch des Reimes wegen, z. B. *Vill.* 79 *noysier* : *rosier*. 184 *chacié* : *effacié*.

[8]) Vgl. Diez Gramm. II, 231 A. G. Paris, Alex. 79. Boehmer, Rom. Studien I 602 ff.

Der *i*-Vorschlag entwickelt sich hierbei

1) vor silbenanlautendem *e* als Nachklang eines die vorhergehende Silbe schliessenden *i*, mag dasselbe nun als zweites Element eines Diphthongen oder selbständig auftreten:

H. Cap. 89, 21 *envoiiez.*

Obwohl nun aber in diesem Falle der *i*-Vorschlag in der Sprache ohne Zweifel stets hörbar war, so zeigt sich doch in der Schrift *i-ies* nur selten; sämmtliche Dialecte lassen meist einfaches *i-es* bestehen, so allerdings, dass die letzte Silbe nur mit *ie*, nicht mit reinem *e*, reimen kann:

N. Frc. 209 *desloiés.* *A. Amr.* 2008 *otroyés.* *Cleom.* 13128 *essaiez* (: *desliiez*). *Mir.* 286 *envoiez.*

Nach einfachem *i* trat jedoch niemals der *i*-Vorschlag ein, sobald hinter jenem ursprünglich eine Dentalis stand, die auch nach ihrem Ausfalle noch trennend fortwirkte:[1])

Chron. II 1915 *fiez.* *Cleom.* 5088 *oubliez* (: *venrez*). *Froiss.* I 260 *deffiés.*

2) als Wiederhall eines vom *e* durch Consonanz (*d, t, m, n, r, s* und *ss*) getrennten *i* der vorhergehenden Silbe, welches entweder wiederum als zweites Element eines Diphthongen oder selbständig erscheint:

S. Thom. 4287 *leissiez.*[2]) *N. Frc.* 301 *baissiés.* *Mir.* 661 *lessiez* (= *laissiez*). 447 *delaissiez.* *Orl.* 16 *laissiez.*

Anglonorm. Denkmäler begnügen sich jedoch in diesem Falle ebenso wie im Ind. in der Regel mit der Schreibung *ez*:

Rol. 623 *aidez.*

3) als Nachklang des *j*-Lautes in mouill. *n* und mouill. *l* — sowie des scharfen oder weichen Zischlautes in *ch*, palat. *g* (afrz. auch *j*) und assib. *c*:

Rois 72 *vengiez.* *S. Thom.* 438 *coreciez.* *Chron.* 26050 *cerchiez.* 14190 *deigniez.* *Troie* 26915 *halciez.* *A. Amr.* 172 *atouciés.* *Cleom.* 3688 *jugiez.* *Joinv.* 500 *courouciés.* *Mir.* 271 *destranchiez.* *T. Ldr.* 88 *mangiez.*

Wie wir schon bei der 1., 2. und 3. sg. Conjunctive der I. schw.

---

[1]) Wenn wir auch, wie dies z. B. häufig in den N. Frc. und in H. Cap. der Fall ist, hier wirklich *i-iez* geschrieben und gedruckt sehen, so können doch derartige Worte immer nur im Reim auf reines *e* angewandt werden.

[2]) Es ist hier mit Bekker 53, 21 ff. — nachdem man hinter *quidier* einen Punkt gesetzt hat — folgendermassen zu interpungiren: *Que leissiez vostre regne . . ., Algiez en autres terres autrui dreit chalengier, Ço ne vus voil jo pas loer.*

Conjg. analog zu lat. Conjunctiven auf *eam*, *iam* etc. mit der Endung *gne* oder palat. *ge* gebildet sahen, so finden wir auch hier wiederum ähnliche Formen:

Chron. 18505 *apeaugeiz*. 4920 *peignez* (: *quergez*). *Erec* 4067 *ameingniez*.

Bei stammschliessendem *rn* wurde, wie dort, in der Regel *n* ausgestossen:

Troie 18681 *torgeiz*.

Das Anglonorm. hat hier ebenfalls meist nur *ez*:

S. Thom. 3010 *detranchez*. 3238 *escomingez*. 1739 *esparniez*.[1])

Selbst *Rois* 317 *esveillez*.

Einige weitere Belege für diese drei Fälle s. unter Nr. 5.

5. Es seien hier endlich noch diejenigen Beispiele zusammengestellt, bei denen man, wie bei der 2. sg. und der 1. pl., einen Uebergang zum Imper. erblicken könnte. Der untergeordnete Satz ist hierbei abhängig:

a) von *prier*:

Rol. 3809 *clamez*. *Ogier* 137 *aidiés*. *S. Nich.* 964 *aidez*. 965 *conseillez*. *Chron.* 12217 *aidiez*. II 361 *aparilliet* (so die Hschr., vgl. 9404 *sachiet*; in beiden Fällen dürfte *-iez* zu bessern sein). 9434 *iriez*. 4769 *laissiez*. 26363 und 29816 *portez*. *Erec* 2713 *amez*. 601 *consoilliez*. *Alisc.* 2377 *aïrés*. 7629 *amenés*. 3452 *enblés*. 4123 *gardés*. 8048 *jostés*. 7401 *laissiés*. *Ant.* I 190 *errés*. II 185 *junés*. I 54 *mandés*. I 105 *obliés*. II 204 *portés*. *Ch. Lgon* 138 *lessiez*. 3066 *prestez*. *Girb.* 444, 21 *porteis* (südlothr. Dial.!). *Villeh.* 293 *aseurez*. 276 *laissiez*. 66 *otroiez*. *Gayd.* 3204 *laissiez*. 5579 *penez*. 8432 *saluez*. *A. Aml.* 2079 *laissiez*. 577 *oubliez*. *J. Blv.* 370 *boissiez*. 1032 *gabez*. 1704 *prestez*. 2976 *redoutez*. *M. Frc.* I 526 *deportés*. *N. Frc.* 116 u. 121 *aidiés*. 95 *moustrés*. 152 *pensés*. 62 *portez*. 184 *deportés*. 120 *priiés*. *A. Amr.* 847 *assaiés*. *Rose* 3088 *lessiés*. *Rut.* 145 *aidiez*. *Cleom.* 4663 u. 6444 *celés*. 1996 *deportés*. 13536 *effreés*. 3787 *envoiez*. 13351 *hastés*. 3923 u. 5468 *laissiez*. 10932 u. 13009 *menez*. 13352 *amenés*. 6434 *otriiez*. 18633 *priiez*. 10932 *remuez*. 6144 *saluez*. *Joinv.* 29 *acoustumez*. 578 *aidiés*. 419 *pensez*. 523 *priez*. *H. Cap.* 144, 1 *aidiez*. 199, 10 und 13 *delivrez*. *Mir.* 372 *gardez*, *regardez*. 663 *monstrez*. 634 *octroiez*. 321 *tardez*. *T. Ldr.* 132 *pensez*, *regardez*, *resistez*. *Froiss.* II 251 *menés*. II 381 *portés*. I 77

---

1) Dass wir hier *i* als *j* aufzufassen und nicht als solches mit *ez* zu verbinden haben, geht daraus hervor, dass die ganze Strophe reines *e* als Reimvocal hat.

retournés.[1]) *Orl.* 199 *aymez.* 376 *contez.* 242 *espergnez.* 250 *laissiez.* *J. Mar.* 59 *refusez.* *J. Paris* 28 *conseillez.* 110 *declairez.* 122 *gardez, traictez.* 4 *levez.* *P. Pat.* 316 *baillez.* *Vill.* 188 *depechez.*

Chron. I 1589 *mandez* (abh. v. *supplier*). *Joinv.* 398 *copez* (abh. v. *demander*).

b) von *mander, commander.*

Ogier 9475 *menés.* *S. Thom.* 4571 *gueitiez.* *Alisc.* 8249 *envoiés.* 7618 *gardés.* *Ant.* I 53 *delivrés.* II 201 *portés.* *Gayd.* 8385 *aprestez.* 3511 *envoiez.* *Viane* 50 *adoubés.* *J. Blv.* 754 *jurez.* *Cleom.* 14115 *amenez.* *Joinv.* 455 *apportez.* 649 *couchiez.* 642 *tournez.* *Mir.* 267 *amenez.* 643 *bailliez.* *Froiss.* I 378 *retournés.* *Orl.* 360 *supportez.* *J. Paris* 7 *vuydez.*

c) von *dire* im Sinne von *prier, commander* etc.:

Erec 4049 *envoiez.* *A. Aml.* 557 *oubliez.* *Mir.* 363 *amez.* 312 *envoiez.* 518 *laissiez.* 376 *souppez.* *T. Ldr.* 18 *curés, nettoyez.*

d) von *loer, conseiller*:

Chron. 21065 *mandez.* *N. frc.* 17 *envoiiés.* 154 *regardés.* *Cleom.* 15867 *demorés.* *Joinv.* 616 *atiriez.* 423 *pourchaciés.* *Mir.* 263 *confortez.*

e) von *querir, requerir*:

A. Amr. 736 *amés.* 737 *moustrés.* *Joinv.* 670 *commandez.* *Mir.* 264 *laissiez.* 637 *livrez, delivrez.* *Froiss.* II 347 *laissiés.* *Orl.* 7 u. 250 *laissiez.*

f) von *voloir*:

S. Thom. 505 *clamez.* *Troie* 16880 *ediez.* *Villeh.* 188 *asseurez.* *N. frc.* 218 *menés.* 219 *recordés.* *Mir.* 622 *acompaigniez.* 586 *convoiez.* 415 *chantez* (ebenso 480. 561). 333 *jurez.* 364 *laissiez.* 487 *livrez, delivrez.* 493 *menez.* 261 *touchiez.*[2]) *Orl.* 219 *tirez.* *J. Paris* 46 *entrez.*

g) von *garder*:

Troie 19478 *abeissiez.* 3421 *demorez.* *Ant.* I 78 *pensés.* *M. Frc.* I 80 *celez.* II 442 *obliez.* I 510 *vantés.* *N. frc.* 1330 *lessiez.* *Rut.* 144 *resamblez.* *Cleom.* 14419 *baisiez.* *Mir.* 433 *atouchiez.* 273 *besongniez.* *T. Ldr.* 11 *desjeunés.* 224 *remariez.* *J. Mar.* 30 *sonnez.* *Vill.* 125 *laissez.*

Auch folgende Stellen, in denen das den Nebensatz einleitende *que* fehlt, dürften hierher gehören (doch vgl. p. 392):

[1]) I 127 *couronnés,* 119 *portés* und *laissiés* sind sicher Imper., da bereits *faites* vorangeht.

[2]) *Froiss.* II 156 *tretyés* ist wegen des vorangehenden *faites* sicher Imper.

Rol. 650 *turnez*. *Alisc.* 2357 *amenés*. 2361 u. 7597 *demorés*. 7590 *parlés*. *Viane* 76 *celés* (ebenso 77. 162). *A. Aml.* 957 *atargiez*. 2748 *celez*. *J. Blv.* 1860 *noiez*. *Mir.* 403 *laissiez*.

So liessen vielleicht auch folgende Wendungen einen Imper. in sich erkennen:

Mir. 283: *Je vous enjoing . . . Qu'en chartre obscure le tenez, Et de fors chaines l'enchainez.* 259: *je vous vueil sommer . . . Que celle chose . . . Me nommez.* *T. Ldr.* 278: *Le second enseignement est que vous ne respitez homme qui a mort desservie.* 279: *Le tiers enseignement est que vous essaiez vostre femme.* *Froiss.* I 260: *il est heure que vous le deffiés* (vgl. p. 391 *Froiss.* II 59).

Dritte Person Pluralis.

Dieselbe bietet kaum zu Bemerkungen Veranlassung; ihre Endung ist seit den ältesten Zeiten, den Auslautsgesetzen gemäss, *ent* gewesen. Beachtenswerth ist jedoch, dass auch hier, wie in der 1. 2. 3. sg. und 2. pl., Formen begegnen, die nach Analogie zu Conjunctiven auf *eant, iant* gebildet sind:

Chron. 10028 *apeaugent*. 10013 *rapeaugent*.

Stammschliessendes *rn* verliert dann gleichfalls, wie in jenen Personen, meist sein *n*:

Chron. 24205 u. 35308 *torgent*. 27884 *atorgent*. *Troie* 18209 u. 25762 *torgent*.

In norm. Denkmälern kommt es, allerdings nur selten, vor, dass *n* beibehalten wird:

C. Ps. 69, 3 *returngent* (Hschr. B: *returgent*).

Anomale Verba.

I. Aller, donner, ester — Trouver, prouver, rouver.

A. Ehe ich die Hauptanomalie dieser Verba behandle, will ich die regelmässigen und die weniger auffälligen Formen derselben besprechen.[1])

Aller, raller.[2])

1. Dem auf p. 379 nach den Auslautsgesetzen aufgestellten Paradigma gemäss finden sich zunächst folgende Formen:

---

[1]) Für diejenigen Formen, für welche Burguy eine grössere Zahl von Beispielen zusammengestellt hat, habe ich es nicht für nöthig gehalten, hier noch Belege zu geben.

[2]) Burg. I 284—6.

3. sg. *alt*; mit Vocalisirung des *l* (vgl. p. 401) *aut.*[1])
Chron. 29049 u. 34441 *raut.* *Troie* 9060 u. 21293 *ralt.*

1. pl. *alons* — mit dieser Endung nach p. 417 noch in der ältesten nfrz. Zeit.
Ant. II 223. *H. Cap.* 5, 21. *Mir.* 560. 570. 594. *Froiss.* II 199.[2])
Ein Imper. könnte hierbei vorliegen in:
Mir. 268. 587. *Froiss.* I 323. II 76. 199. 249.

2. pl. *alez, allez*: *A. Amr.* 2134. *Mir.* 484. 646.
Uebergang zum Imper. wäre möglich in:
Job 330, 34. *Alisc.* 2392. *Ant.* I 86. *J. Blv.* 276. *N. frc.* 122. *A. Amr.* 953. *Bod.* 173. *Cleom.* 9734. *Joinv.* 423. 455 (*ralez*). 616. *H. Cap.* 34, 18. *Mir.* 244. 490. 564. 592. 642. 643.[3])

2. Nach Analogie von Conjunctiven auf *eam, iam* bildeten sich folgende Formen:

a) vorzugsweise in norm. Denkmälern mit der Endung *ge* (vgl. ob. p. 385 u. 408), wobei das vorangehende *l* entweder als solches erhalten blieb oder zu *u* vocalisirt wurde:

1. sg. *alge, auge.*
2. sg. *alges, auges.*
3. sg. *alge, auge.*[4])

1. pl. *algons, augons.* *Chron.* *aujum*: I 1249. II 282. 24595.
aujom: 3399 (Hschr. *aniom*).
2. pl. *algiez, augiez* — worin *ie* durch Einfluss des vorangehenden palat. *g* entstanden ist; anglonorm. Denkmäler haben auch hier meist *algez, augez* (vgl. p. 422).
3. pl. *algent, augent.* *Chron.* 14474 *raugent.*

b) in nicht-norm. Werken auf *ille* (vgl. *valeam* : *vaille*). Diese Formen, welche sich schon in den ältesten Denkmälern finden, sind der

---

[1]) Für *S. Thom.* 1524 *ault* gilt das p. 411 A. 3 Gesagte.

[2]) Man beachte Folgendes. Palsgrave l. c. p. 123 citirt als Subj.: *que nous nous aillions, que vous vous ailliez* — dagegen Giles du Guez ib. 999: *que nous allons, que vous allés.* Ob aber wirklich letztere Formen in jener Zeit (um 1530) noch gebräuchlich waren, dürfte bezweifelt werden, da auch Giles du Guez ib. 980 im Paradigma noch angiebt: *je may cogneu, tu te as cogneu* etc., ebenso p. 1009: *je may engenoullé, tu tas engenoullé* etc. — wie damals sicher nicht mehr conjugirt wurde.

[3]) Formen wie 1. sg. *al*, 2. sg. *als, ales* — die doch zu erwarten wären — sind mir nicht begegnet, auch v. Burg. nicht belegt. Beisp. für 3. pl. *allent* s. Burg. I 285.

[4]) *S. Alex.* 111d *alget.*

einzige Rest einer derartigen, rein analogen Flexionsbildung, der sich in der modernen Sprache erhalten hat.

1. sg. *aille.*

2. sg. *ailles.* *Troie* 5827. *Alisc.* 3799. *Ch. Lyon* 5140. *A. Amr.* 265. *Rut.* 143.

3. sg. *aille.*

1. pl. *aillons.*

2. pl. *aillies* — mit dem durch das mouill. *l* hervorgerufnen *ie*; in nfrz. Zeit aber trat dafür wieder einfaches *e* ein:

P. Pat. 315 *ailles.*

Die regelrechten Formen für die 1. u. 2. pl. wären jedoch, da der Accent in diesem Falle auf die Flexion fortrückt, *allions* und *allies* gewesen, wie sie das Nfrz. auch aufweist, und so findet sich in der That *allies* schon in der älteren Sprache:

Troie 21277. *N. frc.* 152.

3. pl. *aillent.*

Donner, pardonner.[1])

1. Den Auslautsgesetzen entsprechend finden sich:

2. sg. *donnes.* *Chron.* 6630. *Cl. Mar.* I 106.

Als unabhängiger Imper. ist diese Form gebraucht in folgenden Fällen:

Adam 61. *Bod.* 198. *Mir.* 318. 325.

3. sg. *dont.* *Rol.* 859. *Rou* 1997. 3394. *Chron.* II 1953. 2026. 4749 etc. *Troie* 1308. 3214. 13648 etc. *Girb.* 493, 1. *Mir.* 453.[2])

redont. *Chron.* I 2019. *Troie* 10228. 18077.

pardont. *S. Thom.* 138. *Chron.* 8817. 10037. 39631. *Troie* 26410. 29299. *Girb.* 541, 4.

2. pl. *donnes.* *J. Blv.* 849.

Imper. könnte diese Form sein in:

Ogier 6976. *Alisc.* 7963. *Ch. Lyon* 3066. *Gayd.* 9708. *Viane* 176. *A. Aml.* 2489. *J. Blv.* 3824. *N. frc.* 25. *Cleom.* 2342. 9758.

---

[1]) *Burg.* I 292—3. — Norm. Denkmäler haben in der Regel Formen mit stammhaftem *u*, die ich daher hier nicht besonders anführen will.

[2]) *Ogier* 9045: *Ahi, Ogier! Dame-Dex mal de ton!* (: *raison* etc.) *Viane* 181: *En ala Karle en Espaigne ou reon, Sus Sarrazin* (l.-*zins*), *que li cors Deu mal don.* Diese etymologisch ganz unerhörte Form kann natürlich nur durch den Assonanzreim hervorgerufen sein. — Auf dieselbe Veranlassung ist das unorganische *e* in *Ogier* 8792 u. 12007 *done* zurückzuführen.

17617. *Joinv.* 90. 243. 450. *Froiss.* I 56. 77. *Orl.* 16. 106 (abh. v. *temps est*; vgl. p. 391 *Froiss.* II 59). *J. Paris* 60.[1])

pardonnez. *Rois* 201. *Cl. Mar.* I 134. — *Ogier* 10949 und *S. Thom.* 4345 (vielleicht auch Imper.).

3. pl. *donnent.*[2])

Seit der Mitte des 13. Jahrh., wo in der 1. und 3. sg. Formen mit parag. *e* auftauchen, finden wir auch hier in diesen Personen *donne*, im Afrz. allerdings selten (so 3. sg. *donne Mir.* 563), ganz gewöhnlich aber seit Anfang des 15. Jahrh.[3]): von diesem nfrz. *donne, pardonne* als 3. sg. soll weiter unt. p. 438 die Rede sein. — Ueber *N. frc.* 62 *donoies* vgl. p. 392.

2. Nach Analogie zu Conjunctiven auf *eam, iam* — zunächst unter Beibehaltung des ursprünglichen Stammvocals — sind folgende vorzugsweise norm. Formen auf *ge* gebildet:

1. sg. *dunge.* Selbst bei *P. Pat.* 720 *donge.*
2. sg. *dunges.* *O. Ps.* 141, 10 *regueredunges.*
3. sg. *dunge.* *Rol.* 2016 *dunget.*[4])
3. pl. *dungent.* *Troie* 9817. 27180.

Eigenthümliche Formen sind

Girb. 541, 4 *dangne* (3. sg.) — ib. 462, 14 *dangnent.* (Vgl 472, 6 die 1. sg. Ind. *dang.*)

Ester[5])

bietet keine den Auslautsgesetzen entsprechende Formen. Dagegen finden sich mehrfach solche auf *ace*, einer analog zu *hace*, Conj. Praes. von *haïr*, gebildeten Erweiterung, die wohl der Stammauslaut *a* des Praes. Ind. an die Hand gab.

1. sg. *estace.* *Chron.* 20182. *Troie* 25199.
2. sg. *estaces.* *Chron.* 6336.

---

[1]) *S. Thom.* 1596 *duniez* ist jedenfalls in *dunez* zu emendiren, wenn man nicht *i* als *j*, d. h. palat. *g*, ansehen will (vgl. p. 422, A. 1 — Bekker 7b, 16 hat *doinsiez*).

[2]) Eine 1. sg. *don* ist wohl nirgends zu finden; für *donnons*, das gewiss existirt, sind mir keine Belege zur Hand. *Dun* als 1. sg. Ind. steht *Chron.* 8312. *Troie* 19543.

[3]) *Rol.* 18: *Jo nen ai ost qui bataille li dunne* (so die Hschr.) kann wieder nur durch die Assonanz herbeigeführt sein (vgl. p. 397 zu 519 *mercie*); man darf es aber wohl auch für den Ind. halten (vgl. p. 383 A. 1). Jedenfalls ist die nach 2016 vorgenommne Correctur in *dunget* vorzuziehen.

[4]) *dungons, dungez* kann ich ebenso wie Burg. nicht belegen.

[5]) Burg. I 300.

3. sg. *estace.* *C. Ps.* 108, 7 (*estaced*). *Chron.* II 632. 7098. 10488. 18090. 31294. *Troie* 25655.
arestace. *Chron.* 10447. 24470.
cuntrestace. *Rou* 692.
3. pl. *estacent.* *Chron.* 38525.
contrestacent. *Chron.* 24421.

Trouver.[1])

Hiervon kann ich nur solche Formen belegen, die bereits einer späteren Zeit angehören, in der parag. *e* fast oder schon völlig herrschend war:

1. sg. *treuve.* *Mir.* 616.
3. sg. *treuve.* *Mir.* 534. *Vill.* 36. *Cl. Mar.* II 27. III 66. IV 50.

Mit unorganischem, aus dem Plur. entlehnten und in der heutigen Sprache allein bewahrten Stammvocal *ou* (*trouve*):

P. Pat. 348. *Cl. Mar.* II 84.
1. pl. *S. Bern.* 525ᵃ *atroviens* — mit dieser Endung nach den oben p. 416 gegebenen Ausführungen.
2. pl. *trouvez.* *Cleom.* 12302.[2])

Prouver, esprouver.

Auch von diesen Verben stehen mir Formen mit regelmässigem Stammvocal nur aus späterer Zeit zu Gebote:

2. sg. *A. Amr.* 1197 *esprueves.*
3. sg. *Cleom.* 3633 *prueve.* *T. Ldr.* 128 *espreuve.*
2. pl. *Cl. Mar.* III 254 *esprouviez.*

Rouver.

Belege sind mir nicht zur Hand; auch Burg. I 316 hat keine beigebracht.

B. Ich komme nun zur Besprechung der bekannten, aber noch nirgends völlig erklärten Hauptanomalie dieser Verba, welche sich im ganzen Afrz. sowie in den ersten Zeiten der neueren Periode zum Theil bis Rabelais (Diez II 235. 236. Burg. I 282. 283. 293) auf die 1. sg. Praes. Ind. und das ganze Praes. Conj. erstreckt, und in folgenden Punkten besteht:

---

[1]) Burg. I 313—4.

[2]) Die Stelle lautet: *Quelque vile que vous trouvez* — was also nach p. 397 zu *Alisc.* 6700 auch Ind. sein könnte.

1) Der Stammvocal ist *oi* oder *ui*.

2) Diesem folgt unmittelbar — bei *donner* erst nach *n* — *s* oder *ss*.

3) Die Flexionen sind, im Verein mit diesem *s* oder *ss*, folgende:

Ind.	1. sg. -*s*		
Conj.	1. sg. -(*s*)*se*	1. pl. -(*s*)*sons*	
	2. sg. -(*s*)*ses*	2. pl. -(*s*)*siez*, (*s*)*sez*	
	3. sg. -*st* oder (*s*)*se*	3. pl. -(*s*)*sent*.	

Diez (Gramm. II 236 A.), von der 3. sg. Conj. ausgehend, sieht in Formen wie *doinst* die oben p. 404 besprochne Einmischung eines unorganischen *s* in dem nach seiner Ansicht zu Grunde liegenden, häufig begegnenden *doint*, welches *s* alsdann auf die übrigen Fälle des Praes. übertragen worden wäre.

Stände es fest, dass *doint* diejenige Form sei, aus der sich *doinst* erst entwickelt habe — was jedoch unten p. 434 und 436 widerlegt werden soll — so würde mit Bezug auf *doinst*, aber nur mit Bezug auf dieses oder andere 3. Pers. sg. wie *voist* etc., gegen die Erklärung von Diez nichts einzuwenden sein (vgl. Delius, Jahrb. IX 226); unerklärt würde jedoch ausserdem bleiben:

1) Das Vorhandensein dieses *s* in der 1. sg. Praes. Ind. — denn ein Grund zum Eindringen desselben in den Ind. liegt nicht vor, und warum hätte es dann nicht auch auf die übrigen Personen des Ind. Praes. übergehen können, in denen es sich aber niemals findet?

2) Der Eintritt von *oi*, *ui* als Stammvocale an Stelle von *ai*, *o*(*u*) und *ue*(*oe*).

3) Der ganz bestimmte Wechsel zwischen *s* und *ss* — denn letzteres zeigt sich in der 3. sg. Praes. Conj. von Verben auf *er*, aus welcher Form ja das einfache *s* von Diez hergeleitet wird, nicht; und käme es wirklich vor, so wäre dennoch die Regelmässigkeit des Wechsels zwischen *s* und *ss* unaufgehellt.

4) Das seit den ältesten Zeiten in der 1. sg. Conj. vorhandne finale *e*.

Delius (Jahrb. IX 226) glaubt in *truisse, pruisse, ruisse* die nämliche, zur Verstärkung des auf einen einfachen Vocal auslautenden Stammes angefügte Inchoativendung zu sehen, welche in *finisse, florisse* etc. vorliege, deren *i* sich aber mit dem vorangehenden auslautenden Stammvocal vereint habe; in *voise, estoise* und *doinse* dagegen habe sich mit dem Diphthongen *oi* und dem nasalen *n* nur einfaches *s* vertragen.

Weshalb Formen wie *voisse, estoisse* nicht ebenso gut möglich sein sollten als *truisse* etc., weshalb also zwar *ui*, nicht aber *oi* geminirtes *s* nach sich haben könnte, vermag ich nicht einzusehen; während ferner inchoative Verba in der 3. sg. durchaus die Endung *isse* zeigen, haben die in Rede stehenden Verben in dieser Person fast immer *ist*, nur selten *isse*; endlich würde auch kein Grund vorhanden sein, weshalb bei letzteren das zur Inchoativendung gehörende *i* sich regelmässig mit dem auslautenden Stammvocal zu einem Diphthong vereinen sollte, während es bei inchoativen Verben, z. B. *traïsse*, durchaus zur folgenden Silbe gehört.

Die ganz unzulässige Ansicht von Burguy (I 244), wonach *s* in *doinse* aus *g* in *doinge* entstanden sei, *doinge* also ausserdem als Grundform angesehen wird, hat bereits Diez l. c. zurückgewiesen.

Es ist wohl früher auch die Behauptung aufgestellt worden, mit Bezug auf *aller* läge für *voise* ein dritter Stamm, lat. *visere*, zu Grunde. Abgesehen davon, dass lat. *ī* nur aus bestimmten Gründen in ganz vereinzelten Fällen im Franz. *oi* ergeben hat (Diez I 155), so müsste für dieses *oi* in norm. Denkmälern durchweg *ei* eintreten (Diez I 129 — vgl. Delius l. c. 226 unt.), wovon sich aber keine Spur findet;[1]) demnach kann *oi* in dem vorliegenden Falle nicht auf langem *e* oder kurzem (langem) *i* in offner Silbe, sondern das *o* des *oi* an sich nur auf *au* oder auf *o* in Position beruhen: nur dann muss es auch im Norm. *oi*, nicht *ei*, lauten. Zieht man nun ferner den Wechsel zwischen *oi* und *ui* in Betracht, und beachtet zugleich den Umstand, dass diesen Diphthongen (*s*)*s* folgt, so ergiebt sich hieraus mit Nothwendigkeit, dass das zu Grunde liegende Analogon die Lautverbindung *os* + Cons. und *i* (oder *e*) enthalten muss, aus der allein sich theils *ois*(*s*), theils *uis*(*s*) entwickeln konnte.

Jenes Analogon wird demnach so beschaffen sein müssen, dass sich aus ihm folgende Punkte erklären lassen:

1) Der Wechsel von *oi* und *ui* als Stammvocale und das Vorhandensein derselben in der 1. sg. Praes. Ind. und im ganzen Conj. Praes.

2) Der Wechsel zwischen flexivischem *s* und *ss*.

3) Die Endungen *s*; (*s*)*se*, (*s*)*ses* etc.

Und diesen Anforderungen genügt das Verbum ***pouvoir***.[2])

Es wird nun nöthig sein, die eben ausgesprochne Behauptung im Einzelnen zu beweisen.

---

[1]) Das von Burg. I 284 aus einem überdies nicht-norm. Denkmal angeführte *veise* muss ich, in Anbetracht dessen, dass es sonst nirgends zu belegen sein dürfte, bezweifeln.

[2]) Dies ist die von Herrn Prof. Th. Müller in seinen Vorlesungen vorgetragne Ansicht.

Der besseren Uebersicht halber stelle ich die Paradigmen für das Praes. Ind. und Conj. von *povoir* und *trover* voran, aus denen sich auf den ersten Blick eine genaue Uebereinstimmung der entsprechenden Formen dieser beiden Verba ergiebt:

Indicativ.

puis	*truis*
pues	*trueves*
puet	*trueve*
po(v)ons	*trovons*
po(v)ez	*trovez*
pue(v)ent	*truevent*

Conjunctiv.

puisse	*truisse*
puisses	*truisses*
puist, puisse	*truist, truisse*
puissons	*truissons*
puiss(i)ez	*truiss(i)ez*
puissent	*truissent.*

Die gebräuchlichsten Formen der in Betracht kommenden Verba, die ich gleich hier kurz zusammenstellen will, sind:

Ind. 1. sg. *vois* — *doins* — *estois*
truis — *pruis* — *ruis.*

Conj. *voise, voises, voist* (*voise*), *voisons, voisiez, voisent* — ebenso *doinse, doinses* etc. — *estoise, estoises* etc.
truisse, truisses etc. (s. obg. Parad.) — ebenso *pruisse, pruisses* etc. — *ruisse, ruisses* etc.

Ich werde nun die oben genannten drei Punkte nach einander zu besprechen haben:

1) Was den Wechsel zwischen *oi* und *ui* als Stammvocale betrifft, so ist bereits angedeutet worden, dass derselbe sich allein aus lat. *os* + Cons. (hier speciell *oss*) und *i* oder *e* erklären lasse. Da man nun für den Conj. von *pouvoir* **possiam*, **possias* etc., für die 1. sg. Ind. eine wahrscheinlich hierzu analog gebildete Form (vgl. Böhmer in Lemcke's JB X, 181 und in den Rom. Studien III, 191), für die übrigen Personen des Ind. dagegen **potere* zu Grunde legte, so ergiebt sich hieraus, dass der betreffende Wechsel, wie es in der That sowohl bei *povoir* als bei den zu behandelnden Verben der Fall ist, eben nur in der 1. sg. Ind. und im ganzen Conj. stattfinden kann.

Mit Bezug auf die Formen von *povoir* dürfte es nicht schwer sein zu erkennen, dass in sämmtlichen Denkmälern diejenigen mit stammhaftem *ui* entschieden über die mit stammhaftem *oi* überwiegen.[1]) Zieht man nun in Betracht, dass im Praes. Ind. der Stamm von *po(u)voir* einen Wechsel zwischen den Lautverbindungen *ue* und *o(u)v* zeigt, der sich genau entsprechend bei *tro(u)ver, pro(u)ver* und *ro(u)ver* wiederfindet, so darf man wohl mit Sicherheit diesen Umstand als Grund ansehen, weshalb *tro(u)ver, pro(u)ver* und *ro(u)ver* fast ausnahmslos *ui*, dagegen *aller, donner* und *ester*, welche eine solche Uebereinstimmung mit *po(u)voir* nicht zeigen, das bei diesem weit seltner vorkommende *oi* als Stammvocal haben.[2])

2) Wechsel zwischen flexivischem *s* und *ss*. — Dass *trouver, prouver* und *rouver* ebenso wie *pouvoir* im Conj. durchweg geminirtes *s* aufweisen, hängt ebenfalls sicher mit der eben berührten Harmonie dieser Verba zusammen. Weshalb wir aber andrerseits bei *aller, donner* und *ester* in dem genannten Modus nur einfaches *s* finden, darüber bin ich nicht im Stande, Aufschluss zu geben. Wollte man auch annehmen, dass dieses *s* erst aus der 3. sg. (*voist, doinst, estoist* — entsprechend *poist*) in alle übrigen Pers. des Conj. übergegangen sei, indem man *voist* etc. etwa mit *poist* von *peser* auf gleiche Stufe stellte, so würde sich doch aus dieser Annahme das Vorhandensein eines finalen *e* in der 1. sg. Conj. schon in den frühesten Zeiten nicht erklären lassen.

3) Die Endungen, zunächst abgesehen von der 3. sg. Conj., bieten keinerlei Schwierigkeiten; sie lauten im Conj. nach vorangegangnem (*s*)*s* sowohl bei *povoir* wie bei den in Rede stehenden Verben mit den Auslautsgesetzen übereinstimmend:

-e, -es, —, *-ons, -(i)ez, -ent.*

Eine besondere Betrachtung verdient jedoch die 3. sg. Conj. Das Afrz. legte bei dieser Person nicht blos das zu supponirende **possiat* zu Grunde, welches *puisse, poisse* ergab, sondern es verwandte dazu auch — und zwar, wie eine nähere Untersuchung der Denkmäler hinsichtlich dieses Punktes lehrt, entschieden überwiegend — die regelrechte Form *possit*, aus der sich *puist, poist* entwickelte.[3]) Damit

---

[1]) So begegnet z. B. in Job 11 Mal *puist*, aber nur 3 Mal *poist*; in S. Bern. 19 Mal *puist*, aber nur ein Mal (549m) *poist*.

[2]) Sollte es eine weitere Folge hiervon sein, wenn wir hin und wieder bei *trouver* in der 1. pl. Praes. Ind. eine Syncope des *v* eingetreten sehen, analog zu der entsprechenden Person von *po(v)oir*, die ursprünglich kein *v* hatte? (Vgl. Burg. I 313).

[3]) Die einzelnen Werke verhalten sich allerdings hierin nicht ganz gleich:

stimmt genau die Thatsache überein, dass wir in den meisten Fällen *voist, truist* etc., weit seltner *voise, truise* etc. finden.

Ich glaube somit — abgesehen von einem einzigen Punkte, welchen aufzuhellen jedoch vielleicht noch einem der Sprache Kundigeren gleichfalls gelingen dürfte — nachgewiesen zu haben, dass den vorliegenden anomalen Formen der Verba *aller, donner* etc. *pouvoir* als Analogon zur Seite zu stellen ist — was auch weiter unten durch Bemerkungen über den Gebrauch derselben in mehreren Werken bestätigt werden wird — und gehe nun zur Besprechung der einzelnen hierher gehörigen Conjunctivformen über.

Aller — Donner — Ester.

Für diese Gruppe ist oben bemerkt worden, dass sie durchgängig den Stammvocal *oi* mit darauf folgendem einfachen *s* aufweist; wir werden sehen, ob hiervon Ausnahmen vorkommen und in wie weit dieselben zulässig sind:

Aller, raller.

1. sg. *voise:*

C. Ps. 38, 15. 55, 13. 85, 11. *Ogier* 268. 1274. *S. Thom.* 4518. *Alisc.* 1685. 3772. 3796. *Ant.* II 44. *Gayd.* 717. 8785. 9750. *N. frc.* 152. 235. *Adam* 101. 131. *Cleom.* 4228. 10692. *Joinv.* 419. *H. Cap.* 103, 9. 135, 11. *Mir.* 226. 247. 258. 328. 384. 458. 489. 502. 503. 576. 645. 660. *P. Pat.* 576. 1489 [1]). *Cl. Mar.* I 150. 220. *revoise*: *M. Frc.* II 235. *Adam* 83.

N. frc. 268 *voisse* ist nicht massgebend, da wir in demselben Stücke (*Auc. et Nic.*) noch mehrfach *ss* zwischen zwei Vocalen finden, wo wir einfaches *s* erwarten würden; so 240 *misse* (= *mise*), 249 *sissent* (Perf. von *seoir*), 257 *cemisse*, 304 *prissent* etc.

Ueber *voie* s. zu 3. sg. c) p. 435.

---

man wird in den einen mehr oder ausschliesslich die Form mit finalem *t*, in den andern die mit auslautendem *e* angewandt sehen; im Allgemeinen lässt sich jedoch als sicher hinstellen, dass die Form auf *t* in der ganzen afrz. Literatur, namentlich aber in den Nationalepen, durchaus vorwiegt. So fand ich z. B. in A. Aml. 8 Mal *puist* und nur ein Mal (107) *puisse*; in J. Blv. 17 Mal *puist*, aber wieder nur ein Mal (757) *puisse*. S. Bern. (vgl. Burg. II 48) und H. Cap. haben durchgängig *puist*, Rose dagegen nur *puisse*. — Palsgrave l. c. p. 105 führt an: *je puysse, tu puysses, il puist or puysse* etc., welche Formen er allerdings irrthümlich dem *indiffinite* (d. h. *Passé défini*) zuschreibt. — Einige weitere Bemerkungen s. unten bei einzelnen Werken.

[1]) Nach Génin lautet der Vers: *M'aist dieu, je loe que je m'en voise*, worin aber *je* des Metrums halber zu streichen ist; der Zusammenhang würde jedoch auch gestatten, mit der Ausg. von 1490 zu lesen: *je loz que* (od. *loe qu'*) *il s'en voise*.

2. sg. *voises:*

Rois 100. *M. Frc.* II 271. *Joinv.* 484. *Mir.* 572. 612. *Cl. Mar.* II 98.

revoises: M. Frc. II 343.

A. Amr. 2274 *voisses*; doch vgl. 1980 *cortoissement*, 2010 *guisse*, 2323 *prissier*, 2341 *reposser* etc.

3. sg. a) *voist:*

Ogier 1267. 2609. 8612. 9256. *Job* 301, 16. 336, 20. 328, 9. 354, 9. 355, 27. 367, 42. 368, 15. *R. Sv.* 15. *S. Thom.* 528. *Troie* 3990. *Erec* 4879. *Alisc.* 3254. 4049. 4086. 4795, 96. 5984. 7807. 8169. *Ant.* I 12. 180. 230. II 83. 115. 145. *Ch. Lyon* 1835. *Gayd.* 3325. 6372. *Viane* 44. 87. 146. *A. Aml.* 74. 2367. 2374. 2383. 2549. *J. Blv.* 2075. 2099. 2784. 3623. *M. Frc.* I 488. 554. II 275. 395. *A. Amr.* 1535. 1836. 1924. *R. Amr.* 373. *Adam* 66. *Cleom.* 5713. 9726. 13015. 13618. 16017. 16023. *H. Cap.* 12, 15. 14, 5. — *revoist: Ant.* I 225.

b) *voise:*

Erec 5653. *Ant.* II 173. 232. *Ch. Lyon* 1061. *Joinv.* 647. *Vill.* 22. 64. *Cl. Mar.* I 75. 106. 141. 214. 250. 273. II 63. 153. 195. III 13. 48. 66. 221.[1])

c) *voit.*

Dass diese Form nur aus *voist* hervorgegangen sein kann, ergiebt sich aufs Deutlichste aus der Beibehaltung des Stammvocals *oi*, der sich auf keine andere Weise erklären lassen würde. Man mochte wohl, vielleicht wegen des seltnen Vorkommens von *poist* (neben *puist*), die Zusammengehörigkeit dieser Form mit *voist* nicht mehr erkennen und daher meinen, dass das *s* von *voist* in ähnlicher Weise wie in *deprist* etc. (vgl. oben p. 404) ohne jede etymologische Begründung nur eingeschoben sei, also auch wieder ausgestossen werden könne.[2])

---

[1]) Man beachte zunächst im Allgemeinen die geringe Anzahl der Belege für *voise* im Verhältniss zu denen für *voist*, und vgl. damit, was oben p. 432 über den Gebrauch von *puist* und *puisse* gesagt worden ist. Bestätigt wird dasselbe durch die Anwendung von *puist* und *puisse* innerhalb der einzelnen Denkmäler selbst (über A. Aml. und J. Blv. s. p. 432 A. 3). Lehrreich ist in Bezug hierauf namentlich Cl. Mar., der nur noch die Form *puisse* kennt, daher auch durchweg *voise* gebraucht; vgl. Palsgrave l. c. p. 123: *quil sen voyse* — Giles du Guez l. c. p. 999: *quil voise ou aille.* — Man beachte auch, was Burg. I 283 über den Gebrauch von *voise* bemerkt.

[2]) Wenn wir immer nur *truist*, niemals aber *truit* finden, so scheint dies eben darauf zu beruhen, dass das Bewusstsein von der Zusammengehörigkeit dieser Form mit dem weitaus häufigeren *puist* beständig lebhaft war und blieb.

Ch. Lyon 1879. *Gayd.* 950. *H. Cap.* 43, 1. 174, 17. *Mir.* 266. 273. 283. 302. 347. 373. 383. 408. 411. 414. 434. 453. 470. 493. 506. 512. 521. 561. 563. 578. 650.[1])

Bestätigt wird das eben Gesagte durch das Vorkommen einer 1. sg. *voie* für *voise*:

Froiss. I 78.

1. pl. *voisons*: *Adam* 84.

2. pl. *voisiez*: *Mir.* 480.

3. pl. *voisent*:

Job 321, 4. *S. Thom.* 5198. *Troie* 14128. *Ant.* I 55. 67. 262. II 57. 140. 219. 229. 295. *Ch. Lyon* 2325. 6216. *Gayd.* 3561. *A. Aml.* 3250. *J. Blv.* 1355. 2923.[2]) *Rose* 2320. *Rut.* 152. *Cleom.* 390. 5710. 12065. 12534. *Mir.* 571. 592. *Froiss.* II 178. *Vill.* 71. *Cl. Mar.* I 240. II 57.

M. Frc. I 244 *voissent*; doch vgl. II 134 *mauvaissement*, II 151 *coisissent* etc.

Froiss. II 341 *voissent*. Beispiele, welche *ss* zwischen Vocalen aufweisen, wo einfaches *s* stehen sollte, begegnen in Froiss. sehr oft; Knauer (Jahrb. VIII 26) ist mit Bezug hierauf, wie ich glaube mit Recht, der Ansicht, dass man aus der Gemination von *s* in diesen Fällen nicht auf scharfe Aussprache schliessen dürfe, sondern dass dieselbe auf reiner Schreiberwillkür beruhe. Danach würden wir es auch hier mit einem einfachen *s* zu thun haben.

Wenn wir

H. Cap. 170, 15 *voient* = *voisent*

finden, so ist dies eine weitere Bestätigung der oben zu *voit* ausgesprochnen Vermuthung, wonach der Ausfall des *s* unter Beibehaltung des Stammvocals sich leicht erklären lässt.

Donner, pardonner.

Norm. Denkmäler zeigen hier in der Regel nicht *oi*, sondern *ui* als Stammvocal, was damit zusammenhängt, dass lat. *o* in Position, sobald dieselbe durch *m* oder *n* mit folgendem Cons. gebildet wird, nicht wie sonst frz. offnes, sondern geschlossnes *o* ergiebt, an dessen Stelle daher im Norm. meist *u* tritt (vgl. *mont*, norm. *munt*; *contre*, norm. *cuntre*).

1. sg. *doinse*: *Rois* 230. 234. 330. *N. frc.* 255.

---

[1]) Auffällig ist, dass die Mir. auch nicht ein Mal *voist* haben.

[2]) Von C. Hofmann aus dem *voise* der Hschr. emendirt.

Aus diesem *doinse* erst hat man unter irrthümlicher Beibehaltung des Stammvocals eine andere Form, *doigne,* gebildet, deren Endung auf lat. *neam, niam* zurückzuführen ist, worin *ne, ni* unter Erweichung des *e, i* zu *j* sich im Frz. zu *gn* gestaltete.

Ch. Lyon 1841. 5759. *Rose* 4011. *Mir.* 238.

2. sg. *doinses*: *C. Ps.* 103, 27. 118, 133. *Rois* 364. *Chron.* 6986.
doignes: *Rou* 4356.

3. sg.

1. a) *doinst*; *pardoinst.*

Belege s. unt. p. 437.

Mehrfach begegnet auch die Form *donst*:

Gayd. 435. *A. Aml.* 151. 417. 853. 1208. *S. Bern.* 569°.

Dass jedoch hiermit nichts Anderes als *doinst* gemeint ist, ergiebt sich aus Folgendem. In Gayd. und A. Aml. erscheint diese Form nur am Versende in Tiraden, deren Assonanzvocal reines *o* ist, während im Innern des Verses in denselben Werken durchaus *doinst* steht; eine solche Form *donst* anzuwenden war man aber berechtigt, weil *o* in dem afrz. Diphthong *oi* das vorherrschende Element war, also *i* für die Assonanz nicht in Betracht kam.[1]) — Was endlich *donst* in S. Bern. betrifft, so weist die Hschr. — aus dem eben angeführten Grunde — mehrfach bloss *o* auf, unter welchem aber *oi* zu verstehen ist, z. B. 544° *nonchalor, li poors,* 564ⁿ *porveor,* 565ⁿ *glore,* 567ᵐ *chaor* etc.

b) *doinse*:

Rol. 2938.[2]) *S. Thom.* 1258.[3]) *Chron.* 31562. *Ant.* I 51. *M. Frc.* I 558. *N. frc.* 23. *A. Amr.* 1592.

Auch hier ist die Zahl der Belege im Verhältniss zu denen für *doinst* verschwindend klein; vgl. p. 434 A. 1.

c) *doint*; *pardoint.*

Ueber die Entstehung dieser Form vgl. man, was oben p. 434 zu *voit* gesagt worden ist. — Belege s. unt. p. 437.[4])

---

[1]) So steht z. B. *Gayd.* 5709 *doinz* (1. sg. Ind.) am Versschluss in einer Tirade, welche reines *o* als Assonanzvocal hat.

[2]) Die Hschr. hat *duinset,* welches aber in Müller's neuester Ausgabe mit Hofmann und Böhmer zu *duinst* (vgl. 1505) corrigirt worden ist.

[3]) 2072 *dunse* ist wohl besser in *duinse* zu emendiren.

[4]) Eine statistische Zusammenstellung aller Beispiele für *doinst* und *doint* würde ergeben, dass letzteres fast ebenso oft gebraucht wurde als *doinst,* während sich für *voit* weit weniger Belege finden als für *voist.* Dies mag wiederum damit zusammenhängen, dass das dem Stammvocal folgende *n* in *doint* das Bewusstsein von der Herleitung dieser Form von *poist* noch mehr verwischte, als dies mit Bezug auf *voit* der Fall war.

d) *doigne*: *Erec* 5686. *Mir.* 509.

pardoigne: *Viane* 116. *A. Aml.* 2571.

Die Bildung dieser Form ist in ganz ähnlicher Weise vor sich gegangen wie die von *doigne* 1. sg. (vgl. p. 436); dagegen ist

Rois 164 *duinge*

etwas anders gestaltet, insofern, allerdings ebenfalls unter Beibehaltung des Stammvocals *ui*, das *e*, *i* der lat. Flexion *eat*, *iat* zu palat. *g* wurde, wie dies ja in norm. Denkmälern gewöhnlich der Fall ist.

2. Wir haben oben p. 411 ff. gesehen, dass gewisse Verba, vorzugsweise *garder* und *aidier*, noch lange Zeit nachdem bereits parag. *e* in der 3. sg. zur Herrschaft gelangt ist, dennoch die alte Form auf *t* bewahren, sobald sie in gewissen formelhaften, sich forterbenden Wendungen im Sinne eines Optativs gebraucht werden. Zu diesen gehören auch *donner* und *pardonner*, von welchen die Formen *doinst* und *pardoinst* bis in den Anfang des 15. Jahrh., *doint* und *pardoint* dagegen noch länger in Ausrufen wie *Deus mal te doinst! Jhesus Christ nus duinst la sue aïe! La mere Dieu vous doint bonne heure! Dieu lui pardoint!* etc. mehrfach begegnen.[1])

a) *doinst*; *pardoinst* — bis in die ersten Decennien der nfrz. Periode.

doinst:[2])

S. Alex. 74e. *Rol.* 1505. *Ogier* 9292. *Rou* 1944. *Rou Chr.* 19. *R. Sv.* 12. *S. Thom.* 2685.[3]) *Chron.* I 1736. *Alisc.* 96. *Ant.* I 68. *Gayd.* 1859. *Viane* 15. *A. Aml.* 1129. *J. Blv.* 34. *M. Frc.* I 288. *N. frc.* 112. *A. Amr.* 245. *Adam* 103. *Bod.* 165. *Cleom.* 10. *H. Cap.* 242, 19. *Froiss.* I 58. II 259.

b) *doint*; *pardoint* — bis in's 17. Jahrh.

doint:

S. Nich. 1177. *Chron.* I 2163. *Troie* 3329. *Erec* 5620. *Ant.* I 59. *Ch. Lyon* 210. *Gayd.* 9018. *Viane* 58. *M. Frc.* I 88. *Rose* 40. *Joinv.* 754. *H. Cap.* 19, 7. *Mir.* 222.[4]) *J. Mar.* 142. *J. Paris* 13. 40. 124. *P. Pat.* 101. 1017. 1065. 1215. 1304. *Vill.*

---

[1]) Auch hier sollen nur die Belege aus nfrz. Denkmälern vollständig gegeben werden; für die ältere Zeit wird aus jedem Werke je ein Beispiel genügen.

[2]) *pardoinst*, *parduinst* sind mir im Afrz. nur an Stellen begegnet, in denen sie in einem mit *que* eingeleiteten Untersatze stehen; z. B. *S. Alex.* 54d. *Rois* 364. *Gayd.* 9894. *J. Blv.* 3028. 3641. *Cleom.* 18634. 18672.

[3]) So ist auch 426 *duinst* statt *dunst* zu lesen, und zur Ausfüllung der fehlenden Silbe am Anfang des Verses etwa *Que* oder *Et* zu ergänzen.

[4]) Wie in den Mir. kein *voist* vorkommt, so begegnet hier auch nicht ein Mal *doinst*; Letzteres gilt ebenso für Ch. Lyon.

23. 30. 49. 110. 111. 114. 177. *Cl. Mar.* I 146. 170. 175. 198. 209. 212. 237. II 15. 36. 130. 155. 183. 204. 224. 227. 237. 271. III 49. 52. 74. 75. 116. IV 55.

Weigand l. c. p. 256 A. 2 citirt noch ein Beispiel aus La Fontaine. Vgl. Giles du Guez l. c. p. 919: *Dieu lui doint bonne prosperité.*

pardoint:

Chron. 17582. *Ant.* II 207. *Mir.* 246.[1]) *P. Pat.* 174. *Vill.* 153. 155. *Cl. Mar.* I 224. 280. II 214. 263.

Wie bei den oben besprochenen Verben, so tritt auch hier, sobald andere Verbindungen den Conj. erfordern, in nfrz. Denkmälern durchweg die heut allein gebräuchliche Form *donne, pardonne* ein (vgl. p. 413); so

donne: *J. Mar.* 89. *Vill.* 212. *Cl. Mar.* II 213. 241. 253. III 92. IV 39. 53. 64. 110. *Men.* 107. 118. 229.

pardonne: *Cl. Mar.* IV 180.

Daneben findet sich allerdings schon

Vill. 60 u. 138: *Dieu luy pardonne doulcement!*

1. pl. *doinsons.*

Hierfür ist es mir nicht möglich, einen Beleg beizubringen; auch bei Burg. I 293 findet sich keiner.

2. pl. *doinsiez*: *S. Thom.* 1596 (nach Bekker — vgl. p. 427 A. 1).

Norm. Denkmäler haben hier, wie gewöhnlich, häufig bloss die Endung *ez*:

Rois 201 *duinsez.*

3. pl. *doinsent* — kann ich nicht belegen.

Ganz in derselben Weise wie 1. und 3. sg. *doigne* (s. dort) ist

Rose 2224 *doignent*

gebildet.

Ester.

Von diesem Verb habe ich nur folgende Formen angetroffen:

O. Ps. 108, 5 *estoist.*[2]) *Ch. Lyon* 6215 *estoisent.*

Es haben sich somit die Kennzeichen, die für diese Gruppe aufgestellt wurden, bestätigt: der Stammvocal ist durchgängig *oi*, nur dass dieses in norm. Denkmälern bei *donner* den Lautgesetzen gemäss meist in *ui* übergeht; darauf folgt einfaches *s*, dessen Gemination, sobald sie vorkommt, darauf zurückzuführen ist, dass die Hschr. auch sonst in gleichem Falle mehrfach *ss* statt *s* aufweist.

---

[1]) nie *pardoinst!*

[2]) Fehlt bei Meister.

Trouver — Prouver — Rouver.

Die Characteristica dieser Gruppe sind: *ui* als Stammvocal mit darauf folgendem geminirten *s*.

Trouver.

1. sg. *truisse:*

O. Ps. 131, 5. *C. Ps.* 131, 5. *Ogier* 4920. *Rois* 178. *Chron.* 17556. 39914. *Troie* 22034. *Ch. Lyon* 4776. *Mir.* 508. 527. 581. 651.

2. sg. *truisses.*

Belege fehlen mir, ebenso Burg. (I 314).

3. sg. a) *truist:*

C. Ps. 20, 8. *Job* 321, 26. *Rou* 2774 (Hschr. *truiz*). *Chron.* 6224. 13466. 27801. *Troie* 13413. *M. Frc.* I 230. *A. Amr.* 575. *R. Amr.* 600. *Cleom.* 18522. 18546. *Mir.* 458.

b) *truisse:*

O. Ps. 20, 8. *Rois* 310. *Chron.* 19657. 31846. *Troie* 6239. 29516. *Erec* 5443. *Ch. Lyon* 3032. 4853. 5378. 5843.[1]) *M. Frc.* I 348. *R. Amr.* 369. *Mir.* 325.

1. pl. *truissons.*

A. Aml. 2613 *truisonz*; doch vgl. 227 *fason,* 229 *porchasa* etc.

2. pl. *truissiez:*

Chron. 2893. *A. Amr.* 846. *Rose* 620. 807. *Mir.* 250. 481. 579. — *A. Aml.* 2637 *truisiez*; vgl. jedoch, was eben zu *truisonz* bemerkt wurde.

3. pl. *truissent*: *Rois* 97. 310. *Rou* I 371. *Chron.* 35405. *Troie* 2300. *Joinv.* 68.

Job 318, 10 *truisent*; doch vgl. 301, 34 *atapisanment*, dagegen 302, 28 dasselbe Wort mit *ss.*[2])

Auch hier haben wir also die oben angegebnen characteristischen Merkmale der anomalen Formen dieser Gruppe bestätigt gefunden.[3])

II. Manger. — Aider.

I. Eine Anomalie — hervorgerufen durch das Streben, dem Stamme des Verbs möglichst durchgängig die gleiche Gestalt zu geben (vgl. afrz.

---

[1]) In diesem Gedicht kommt nur die Form *puisse*, und so auch nur *truisse* (nicht *truist*) vor, und zwar beide durchgängig im Reime zu einander. Ausser an diesen Stellen begegnet *puisse* nur noch 336. 1429. 1808 u. 5534.

[2]) Für *prouver* und *rouver* kann ich keine Belege geben.

[3]) Bei den hierher gehörigen Verben kommt allerdings, aber nur selten, auch *oi* als Stammvocal vor (vgl. Burg. I 312 ob. und 316).

amons, amez — aber nfrz. *aimons, aimez* etc.) — ist es, wenn wir auch in den Formen von *manducare,* wo das Lat. den Accent auf dem *u* hat, das also dann unmöglich ausfallen kann, im Franz. palat. *g* (*j*) finden, welches ja nur aus einer Vereinigung von *d* und *c* sich erklären lässt: so im ganzen Sing. und in der 3. pl. Praes. Ind. — Das Afrz. suchte sich jedoch hierbei, wenigstens im Praes. und Imper., in der Regel genauer an die latein. Wortform anzuschliessen: in den Fällen, in welchen lat. *duc* betont ist (z. B. *manducant*), mag es dasselbe wohl ursprünglich zu *du* gestaltet (**manduent*), dann aber den die Endung betonenden Formen zu Liebe dies *d* durch deren *g* (*j*) ersetzt haben (Tobler, Bruchstück aus dem Chev. au Lyon p. 18). So finden wir z. B.

Praes. Ind.

1. sg. *Adam* 68 *menjue.*
2. sg. *Chron.* 21330 *mangues.*
3. sg. *Chron.* 13936 *manjue. Troie* 22764 *menjue. Erec* 4796 *manjue. Ant.* II 255 *menjue. Ch. Lyon* 2825 *mengue. Adam* 104 *mengue.*

3. pl. *C. Ps.* 52, 4 *manjuent. Chron.* 26696 *manguent. Erec* 6754 *mainjuent. Ant.* I 243 *menjuent* (ebenso I 245. II 4. 5. 6. 151. 223. 294). *Girb.* 550, 15 *mainjuent. Mir.* 315 *menjuent.* Selbst noch *Orl.* 307 *menguent.*

Imper. 2. sg. *Adam* 107 *menjue.*

Dieselbe Eigenthümlichkeit zeigt sich nun auch im ganzen Sing. und in der 3. pl. Praes. Conj., während die 1. und 2. pl. vollkommen regelrecht gebildet sind:

1. sg. *H. Cap.* 103, 14 *menjue.*
2. sg. *S. Bern.* 536ᵘ *manjus.*[1])
3. sg. *Chron.* 10934 *mangut. Adam* 124 *mengue.*

1. pl. *Rois* 311 *manjum.*
2. pl. *Chron.* II 783 *mengez. Mir.* 530 *mengiez.*

Nicht selten liess aber auch die ältere Sprache, ausser den oben besprochnen Anomalien, im Praes. Conj. bei betontem *duc* das lat. *c* bestehen; daraus erklären sich folgende Formen:

3. sg. *Rois* 49 *majuce* (wohl *manjuce*!).

Oder mit Verwandlung von *c* zu *s* vor flexivischem *t* (vgl. p. 409): *Gayd.* 101 und *M. Frc.* II 188 *menjust.*

3. pl. *C. Ps.* 58, 15 *menjuicent. A. Aml.* 1755 *menjussent. N. frc.* 268 *mengucent.*

---

[1]) Diese Form gehört zu den den Auslautsgesetzen gemäss gestalteten; vgl. oben p. 387.

Eine offenbare Analogie zu *voise,* der 1. sg. Praes. Conj. von *aller,* müssen wir wohl in

Job 324, 27 *manjoise*

erkennen.[1])

II. Aehnlich wie das eben besprochene Verb wurde auch *aider* behandelt.

Die flexionsbetonten Formen des mlt. Etymons *adjutare* mussten beim Uebergang ins Französische den Lautgesetzen gemäss ihr langes *u* verlieren (z. B. Inf. *adj'tare, aj'tare*: frz. *aidier* — vgl. Diez, E. W. I *ajuto.* Darmesteter, Rom. V 154, wo auch *manger* und andere gleichartige Verba behandelt sind), die stammbetonten dagegen dasselbe bewahren.

Danach musste sich z. B. das Praes. Ind. folgendermassen gestalten:

Sg. 1. *aju*
2. *ajues*
3. *ajue*: *Chron.* II 604. 18690. 30738. *Troie* 8633. 22137. 22789. 27699.

Pl. 1. *aidons*
2. *aidiez*
3. *ajuent*: *Chron.* 21562. *Troie* 9003. 15763. *Vr. An.* 386.

Imper. Sg. *ajue*: *Chron.* II 127. 14608. 20586. *M. Frc.* II 322.

Ganz ebenso erklären sich folgende regelrechte Formen des Praes. Conj.

Sg. 1. *aju*: *Chron.* 14582. 15367.
2. *aju(e)s*
3. *ajut*: *Rol.* 781. *O. Ps.* 21, 11. *Ogier* 1335. 1858. *Rou Chr.* 113. *Chron.* 10113. 22257. *Girb.* 456, 28 (Hschr. *aüt*). *Gayd.* 2886.

Mit unorganischem *s* (vgl. p. 404) *ajust*: *Ant.* I 246.

Pl. 1. *aidons*
2. *aidiez*: Belege s. unter Zweite Pers. Plur.
3. *ajuent*: *Chron.* 2824.

Häufig aber fand im Afrz. eine gegenseitige Vertauschung der Stammgestalt zwischen stamm- und flexionsbetonten Formen statt, nämlich:

a) Stammbetonte Formen ersetzten ihren Stamm *aju* durch den der flexionsbetonten *ai,* wobei ausserdem in der Regel dieser Diphthong, in Angleichung an das zweisilbige *aju,* getrennt wurde, so dass nun *i*

---

[1]) Eine andere Erklärung dieser Formen sucht Foerster in der Zeitschr. für roman. Phil. Bd. I p. 563 zu geben.

als besondere Silbe die betonte Stammsilbe *ju* vertrat; daher z. B. die 3. sg. Praes. Conj. *aït* (Belege s. p. 413 ob.).

Selten nur liess man schon in afrz. Zeit bei dieser Uebertragung *ai* als Diphthong, d. h. den Stamm als einsilbig bestehen, z. B. 3. sg. Praes. Conj. *ait*:

Troie 1256. *Ant.* II 301. *H. Cap.* 116, 14.

b) Flexionsbetonte Formen ersetzten ihren einsilbigen Stamm *ai* durch den zweisilbigen der stammbetonten *aju*. Daher z. B.

Inf. *ajuer*: *Chron.* 4362. 15773. 16200. *Troie* 20346. 23470.

Part. passé *ajué*: *Troie* 27709.

3. pl. Passé déf. *ajuerent*: *Troie* 8658.

3. pl. Cond. *ajuereient*: *Troie* 24637.

Bisweilen aber behielten flexionsbetonte Formen zwar den Stamm *ai* bei, lösten diesen Diphthong jedoch in zwei Silben auf und näherten sich so den eben besprochenen mit stammbildendem *aju*; z. B.

Inf. *aïdier*: *Chron.* 14154. *Troie* 22209.

Imper. Pl. *aïd(i)ez*: *Chron.* 4551. 16988.

3. pl. Passé déf. *aïdierent*: *Troie* 21025.[1])

---

[1]) Dasselbe Schwanken zwischen stammhaftem *ai*, *aï* und *aju* zeigt sich auch bei dem abstracten und concreten Substantiv. — Das Abstractum *adjuta* ergab regelrecht *aju(d)e*, z. B.

Ogier 10181. *Rou* 117. *Chron.* I 1438. *Troie* 12688. *Ant.* I 147 (vgl. Eide: *adjudha*, *ajudha*);

daneben aber findet sich häufiger *aï(d)e*. — Das Concretum *adjutator* gestaltete sich regelrecht als Nom. sg. *aidiere* (*Ant.* II 186), Nom. pl. *aideor* (*Chron.* 17647); daneben aber begegnen wir dem unregelmässigen Acc. sg. *ajueor* (*Troie* 24436), Acc. pl. *ajueors* (*Chron.* 36900).

Ich bin mit meiner Untersuchung zu Ende, und es erübrigt nur noch, die Resultate derselben in einige Sätze zusammenzufassen:

Singular.

Abthl. A (vgl. p. 379. 386. 393).

Die *1. sg.* erscheint etwa bis zur Mitte des 13. Jahrh. in der nackten Stammform; die Form mit paragogischem *e*, welche um diese Zeit sich allmählich Eingang verschafft, gelangt im 14. Jahrh. zur unumschränkten Herrschaft.

Die *2. sg.* zeigt in der ältesten Zeit als Flexion blosses *s*; früh aber, schon im 12. Jahrh., tritt hier überwiegend *es* mit unorganischem *e* auf.

In der *3. sg.* finden wir als ursprüngliche Endung ein dem Stamme angefügtes *t*; noch vor der Mitte des 13. Jahrhunderts aber muss dasselbe schon oft einem parag. *e* weichen, welches letztere gegen Ende des 14. Jahrhunderts alleinherrschend wird; nur *gart, aït, doin(s)t* und *pardoin(s)t* erscheinen in bestimmten, formelhaften Wendungen noch im 16. und 17. Jahrh.

Abthl. B (vgl. p. 384. 388. 405).

Sämmtliche 3 Pers. Sing. haben seit den frühesten Zeiten ein euphonisches *e* als Flexion, ausser wo der Stammauslaut eine orthographische Veränderung oder Ausfall erleidet.

Plural.

Die Endung der *1. pl.* ist während der ganzen afrz. Periode und bis zum Ausgang des 15. Jahrh. *ons* (norm. *uns, um*); von da an erst zeigen sich vereinzelt Formen auf *ions*, welche in der zweiten Hälfte des 16. Jahrh. die früheren völlig verdrängen.

Die *2. pl.* endet in Denkmälern aus dem 11. bis zum Anfang des 16. Jahrh. — abgesehen von den Fällen, wo auch die 2. pl. Ind. *iez* aufweist — auf *ez*, ganz vereinzelt auf *oiz* (norm. *eiz*); um die zuletzt genannte Zeit beginnt auch hier ein unorganisches *i* einzudringen, so dass seit der zweiten Hälfte des 16. Jahrh. *iez* die allein gebräuchliche Flexion ist. (Vgl. jedoch p. 420 A. 4.)

Die *3. pl.* hat stets die Endung *ent* gehabt.

Zur Veranschaulichung des eben Gesagten sei zum Schluss eine Tabelle der Flexionen des Conj. Praes. der 1. schw. Conj. bis zu der Zeit, wo in allen Fällen der Standpunct der modernen Sprache erreicht ist, gegeben, wobei ich mich für den Singular auf die zu Abth. A gehörigen Verba beschränke, und von Formen wie *gart* etc. sowie mit Bezug auf die 2. pl. von solchen Verben absehe, die auch im Ind. auf *iez* ausgehen. Seltnere Endungen sind in runde, isolirt stehende in eckige Klammern, gleichberechtigte dagegen ohne Unterscheidung neben einander gestellt.

Pers.	10. Jahrh.	11. Jahrh.	12. Jahrh.	13. Jahrh.		14. Jahrh.	15. Jahrh.	16. Jahrh.	
				1. H.	2. H.			1. H.	2. H.
1. sg.		-, [-e[1])]	-, [-e[1])]	-	-e	-e	-e	-e	-e
2. sg.		-s, -es	(-s), -es	-es	-es	-es	-es	-es	-es
3. sg.	-et, -t	-t, [-e, -ed[2])]	-t, [-e, -et, -ed[2])]	-t, (-e)	-t, -e	(-t), e	-e	-e	-e
1. pl.		-ons[3])	-ons	-ons	-ons, [-iens[4])]	-ons, [-iens[5])]	-ons	-ons, -ions,	-ions
2. pl.		-ez	-ez	-ez	-ez, [iez[4])]	-ez, [iez[5])]	-ez	-ez, -iez	-iez
3. pl.		-ent	-ent	-ent	-ent	-ent	-ent	-ent	-ent

Als Paradigma würde sich demnach, den in der Blüthezeit des Afr. herrschenden Flexionen entsprechend, zur Aufnahme in die Grammatiken etwa folgendes empfehlen:

1. sg.	2. sg.	3. sg.	1. pl.	2. pl.	3. pl.
jur	jur-es	jur-t	jur-ons	jur-ez	jur-ent.

[1]) O. Ps., C. Ps., Rois. [2]) O. Ps., C. Ps., Rois, Job. [3]) norm. *uns, um.*
[4]) S. Bern. [5]) Joinv.

Druck von Pöschel & Trepte in Leipzig.

www.ingramcontent.com/pod-product-compliance
Lightning Source LLC
Chambersburg PA
CBHW020231090426
42735CB00010B/1640